D1717765

Bank-Controlling 1988

Band 37

Schriftenreihe des Instituts für Kreditwesen
der Westfälischen Wilhelms-Universität Münster

begründet von Prof. Dr. Ludwig Mülhaupt
Universität Münster
herausgegeben von Prof. Dr. Henner Schierenbeck,
Universität Münster

Bank-Controlling 1988

Beiträge zum Münsteraner Controlling-Workshop

Herausgegeben von

Prof. Dr. Henner Schierenbeck
Dr. Wulf von Schimmelmann
Dr. Bernd Rolfes

Mit Beiträgen von
E. W. Bechtel, W. Dutschke / H. Haberkorn, A. W. Marusev,
Dr. J. Ringel, Prof. Dr. H. Schierenbeck / Dr. B. Rolfes,
Dr. S. Schüller, Dr. K. Vikas

FRITZ KNAPP VERLAG ⟨fk⟩ FRANKFURT AM MAIN

ISBN 3-7819-0412-1

© 1988 by Fritz Knapp Verlag, Frankfurt am Main

Gesamtherstellung: Druckerei Heinz Neubert GmbH, Bayreuth

Printed in Germany

Inhalt

Autorenverzeichnis

Egon Wolfgang Bechtel
Vorstandsmitglied der Rechenzentrale Bayerischer Genossenschaften eG und Hauptgeschäftsführer der ProGENO Anwendungssysteme der Informationsverarbeitung GmbH, München

Walter Dutschke
Direktor der Merck, Finck & Co., Privatbankiers, München

Heinrich Haberkorn
Direktor der Merck, Finck & Co., Privatbankiers, München

Alfred W. Marusev
Bereichsleiter Betriebswirtschaft/Controlling der GAD, Gesellschaft für automatische Datenverarbeitung eG, Münster

Dr. Johannes Ringel
Vorstandsmitglied der Westdeutschen Landesbank/Girozentrale, Düsseldorf

Dr. Bernd Rolfes
Wissenschaftlicher Mitarbeiter am Institut für Kreditwesen der Westfälischen Wilhelms-Universität Münster

Prof. Dr. Henner Schierenbeck
Direktor des Instituts für Kreditwesen der Westfälischen Wilhelms-Universität Münster

Dr. Stephan Schüller
Direktor der Vereins- und Westbank AG, Hamburg

Dr. Kurt Vikas
Partner Unternehmensberatung Plaut, Schweiz

Vorwort

Seit einigen Jahren beschäftigt sich die bankbetriebliche Theorie und Praxis intensiv mit Fragen des Bank-Controlling. Meinungsverschiedenheiten zwischen den maßgeblichen Controlling-Experten über das grundsätzliche Konzept können heute im wesentlichen als überwunden angesehen werden. So haben sich in weitesten Teilen der deutschen Kreditwirtschaft Basismethoden wie z. B. die Marktzinsmethode in ihrer Plausibilität und betriebswirtschaftlichen Logik gegenüber den traditionellen Verfahren der Bilanzschichtung und Poolbildung durchgesetzt. Mittlerweile befinden sich Theorie und Praxis in einer Phase, in der Detail- und konkrete Umsetzungsprobleme, derer man sich vor wenigen Jahren überhaupt noch nicht bewußt war, diskutiert werden.

Insbesondere vor dem Hintergrund der jüngsten Diskussion um eine entscheidungsorientierte Margenkalkulation hat uns eine Vielzahl konkreter Anfragen aus der Praxis dazu bewogen, einen Controlling-Workshop zu veranstalten, bei dem praktisch-relevante (Detail-)fragen der Entwicklung, Umsetzung und konkreten Eingliederung entscheidungsorienterter Steuerungssysteme für Banken intensiv diskutiert werden konnten. Das Ziel dieses Workshops war ein Know-how-Austausch und -Transfer zwischen den Controlling-Experten der deutschen Kreditwirtschaft. Angesprochen wurden deshalb vor allem die für die betriebswirtschaftliche Steuerung (Controlling, Unternehmensplanung, Finanzbereich, Rechnungswesen) verantwortlichen Experten der Bankpraxis.

Hochkarätige Fachleute, die mit ihren Instituten Vorreiter-Rollen bei der Realisation effizienter Steuerungsmechanismen einnehmen, haben mit ihren Referaten, die mit diesem Sammelband der Öffentlichkeit zugänglich gemacht werden, den Workshop maßgeblich gestaltet. Ihnen gilt deshalb unser besonderer Dank. Unser Dank gilt aber auch den selbst nicht weniger hochkarätigen Teilnehmern. Ihren Fragen und Diskussionsbeiträgen ist letztlich der Erfolg dieser Veranstaltung zuzuschreiben. Die vielen Interessenten, die aufgrund der enormen Resonanz für die Teilnahme nicht mehr berücksichtigt werden konnten, bitten wir um Verständnis. Denn um einen intensiven Erfahrens- und Wissensaustausch sicherzustellen, mußte der Teilnehmerkreis begrenzt werden. Wir hoffen aber, daß die Lektüre des vorliegenden Bandes hierfür ein wenig entschädigt und allen Interessierten bei der konkreten Umsetzung des Controllings in der eigenen Bank Hilfestellung leistet.

Henner Schierenbeck — Wulf von Schimmelmann — Bernd Rolfes

Controlling in deutschen Banken und Sparkassen

PROF. DR. HENNER SCHIERENBECK

DR. BERND ROLFES

Mit dem Ausgehen der siebziger Jahre begann sich in den Vorstandsetagen der deutschen Banken das Bewußtsein herauszubilden, daß der Bankerfolg nicht allein am Wachstum des Geschäftsvolumens gemessen werden darf, sondern daß Kreditinsitute vielmehr mit einer klaren Ertragsorientierung gesteuert werden müssen. Dabei stellte man jedoch bald fest, daß dazu noch eine entsprechende Infrastruktur aufzubauen war. Um letztere, und soweit schon vorhanden, auch um schon laufende Controlling-Systeme, soll es in unserem Controlling-Workshop gehen.

Allgemein richtet sich die Entwicklung und der Aufbau einer solchen Infrastruktur zum einen auf die Manifestierung des Controlling-Gedankens, und zwar auf allen Führungsebenen einer Bank, zum zweiten auf die organisatorische und prozessuale Struktur des Managementsystems und zum dritten auf die informationsbedingten Voraussetzungen einer ertragsorientierten Banksteuerung. Untergliedert man die Struktur des Managementsystems nach ihrer organisatorischen und prozessualen Komponente, so kann das Kerngerüst einer controlling-adäquaten Infrastruktur in vier elementare Bausteine (vgl. Abb. 1) unterschieden werden.[1]

Die *ertragsorientierte Geschäftsphilosophie* stellt das Kernelement eines integrierten Controlling-Systems dar, und steht gleichbedeutend für eine Managementkonzeption, die die Ertragsorientierung nicht nur betont, sondern zum tragenden Fundament erhebt und dies auch in einer ganz spezifischen Art des Denkens und Handelns auf allen Führungsebenen einer Bank zum Ausdruck bringen soll. Dies bedeutet letztendlich, daß das Bankergebnis konsequent im Mittelpunkt geschäftspolitischer Überlegungen stehen muß. Als eine Art Checkliste für die Um- und Durchsetzung der ertragsorientierten Geschäftsphilosophie lassen sich die folgenden drei Kriterien heranziehen:

1. Eine Bank kann nur dann vollständig vom Ertragsdenken durchdrungen sein, wenn ein *ertragsorientiertes Zielsystem* existiert, mit dem die Zielvorstellungen operational und für alle Führungsebenen klar nachvollziehbar formuliert werden. Hier ist ein Umdenken in Richtung auf eine rentabilitäts- und risikobezogene Beurteilung von Wachstumsraten erforderlich. Im primären Volumensdenken lag und liegt auch heute noch häufig der Grund, weshalb ein systematisches Controlling nicht richtig Fuß fassen kann. So werden bei Leistungsvergleichen zwischen Banken auch heute noch überwiegend Volumens- und Volumenswachstumsraten statt Erfolgsgrößen in eine Reihenfolge gebracht.

2. Konsequent durchzusetzen sind Zielvorstellungen nur über die Mitarbeiter und damit auch nur über deren persönliche Interessen. Eine Synchronisation zwischen den Zielen der Bank und der Mitarbeiter wird letztlich nur mit einem *leistungs- und ertragsabhängigen*

---

1 Vgl. H. Schierenbeck: Ertragsorientiertes Bankmanagement, 2. vollst. überarb. u. erweit. Aufl., Wiesbaden 1987, S. 7

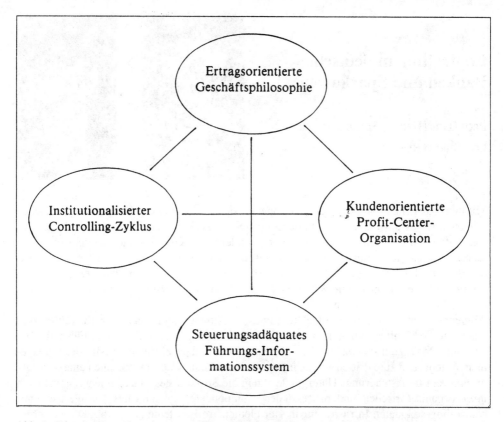

Abb. 1: Die vier Bausteine einer controlling-adäquaten Infrastruktur in Kreditinstituten

Entlohnungs- und Beurteilungssystem erreicht. Dies bedeutet, daß soziale und finanzielle Anreize nicht nur geschaffen, sondern auch deutlich herausgestellt werden müssen, um so eine Förderung des Leistungsklimas in der Bank zu bewirken. Dabei tauchen nicht unerhebliche Probleme auf, denn das gesamte Vergütungssystem einer Bank ist heutzutage nur wenig leistungsorientiert. I. d. R. entscheiden ausschließlich Alter und Titel über Einkommenssteigerungen. Dabei wird häufig der anfangs noch vorhandene Tatendrang vor allem der sehr guten Mitarbeiter dadurch gestoppt, daß sie beobachten müssen, wie wenig sich überdurchschnittliche Leistung lohnt. Wichtig ist zur Vermeidung von Zielkonflikten vor allem auch, daß die Entlohnung an die richtige Steuerungsgröße, nämlich das (Teil-) Betriebsergebnis, gekoppelt wird, damit z. B. nicht zu Lasten des eigenen Bankgeschäftes nur die eine direkte Provision erbringenden Vermittlungsgeschäfte wie z. B. Versicherungen, Bausparverträge etc. getätigt werden.

3. Von Ertragsdenken kann erst dann gesprochen werden, wenn auch und vor allem die *Märkte und Kundenbeziehungen* nach Maßgabe ihrer *Ertrags-Attraktivität* beurteilt werden. Die Entscheidungen müßten sich sowohl auf strategischer Ebene, also im Hinblick auf die zukünftige Marktpositionierung, als auch auf operativer Ebene im täglichen Kundengeschäft und damit bis hin zum einzelnen Kundenberater an der so definierten Attraktivität einer Kundenbeziehung orientieren. Dabei ist es grundsätzlich weniger maßgeblich, über welche Ergebniskomponente Kundenbeziehungen attraktiv werden. Wichtig ist vielmehr die Summe der Ergebnisbeiträge eines Kunden aus den verschiedenen Erfolgsbereichen.

Wie wichtig eine konsequente Orientierung an den Ergebnisbeiträgen von Kundenbeziehungen ist, zeigt eine McKinsey-Übersicht über die Struktur des Privatkundenergebnisses (vgl. Abb. 2):[2]

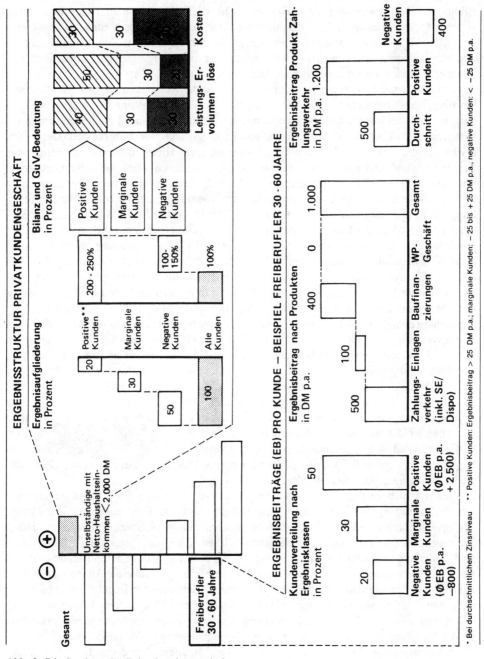

Abb. 2: Die Struktur des Privatkundenergebnisses

2 Vgl. H. Faßbender: Steuerungskonzepte für Banken, in: vbo-Management-Planungs- und Steuerungsverfahren für Banken Frankfurt, 1987, S. 28

So erbringen danach 50 % der Privatkunden negative Ergebnisbeiträge und nur 20 % („positive Kunden") sind letztlich die (nennenswerten) Träger des Privatkundenergebnisses.

Die organisatorische Verankerung der controlling-adäquaten Infrastruktur muß über die Bildung *kundenorientierter Profit-Center* erfolgen. Hierbei ist zum ersten festzulegen, nach welchen Organisationsprinzipien die einzelnen Unternehmensbereiche zunächst abgegrenzt und später in ihrem Zusammenwirken wieder koordiniert werden. Zum zweiten geht es, und hier liegt eine der schwierigsten Aufgaben, um die richtige Delegation von Entscheidungsbefugnissen auf untere Führungsebenen.

1. Von der Grundstruktur her wird der Anforderung der Kongruenz von Aufgabe, Verantwortung und Kompetenz am ehesten die *marktorientierte Profit-Center-Organisation* gerecht. Dabei werden die Marktbereiche nach Kundenmerkmalen gegliedert, um so die Kongruenz zwischen Ergebnishierarchie und Leitungshierarchie zu erreichen. Denn dann lassen sich die einzelnen Teilbetriebsergebnisse auf jeder Hierarchieebene zu aggregierten Ergebnissen und letztlich zum Gesamtbankerfolg aufaddieren, ohne daß dabei gleichzeitig die Verantwortung für den komplexen Markterfolg zerschnitten wird. Allerdings ist zu berücksichtigen, daß eine eindimensionale Verantwortung einer einzelnen Kundenbeziehung i. d. R. nicht zugeordnet werden kann, weil der klassische Konflikt zwischen dem Spezialisierungsvorteil der funktionsorientierten Organisation und dem Betreuungsvorteil der kundenorientierten Organisation sich nicht ausschalten läßt. So existiert ein organisatorisches Nebeneinander, besser: Miteinander, z. B. von Wertpapier- oder Kreditabteilung mit den nach Kundenmerkmalen gegliederten Marktbereichen bzw. den regionalen Vertriebsstellen. Dieser Faktor führt dazu, daß die Organisation und später auch die Ergebnisrechnung Matrixmerkmale aufweisen. Es ist jedoch immer daran zu denken, daß die letzte Verantwortung *eindeutig,* und zwar i. d. R. der Kundengruppe zugewiesen werden muß. In der Ertragsverantwortung können die Funktionsbereiche (Wertpapiere, Kredit etc.) einerseits und die Kundengruppenbereiche oder regionalen Vertriebsstellen andererseits durchaus voneinander abgegrenzt analysiert werden. So kann und sollte sinnvollerweise der gleiche Ergebnisbeitrag durchaus z. B. einmal in die Funktionssparte „Kredit" und zum anderen gleichzeitig auch einer Filiale zugerechnet werden, um einerseits den gesamten direkten Ergebnisbeitrag des Kreditbereiches und andererseits den gesamten direkten Ergebnisbeitrag einer Filiale zu erkennen. Natürlich ist eine solche Doppelverrechnung nur bei zwei völlig verschiedenen Aggregationsrichtungen zulässig, und in der Zusammenfassung zum Gesamterfolg dürften keinesfalls die Ergebnisse der Funktionssparten und der Geschäftsstellen zusammen aufaddiert werden.

2. Grundsätzlich bedingt die Markt- und Kundenorientierung über Profit-Center eine *dezentrale Führungsstruktur.* Auch hier wieder die klassische Forderung nach Kongruenz: Ertrags*verantwortung* der Profit-Center ohne Entscheidungsspielraum und damit auch ohne *Kompetenz* muß zwangsläufig demotivierend wirken. Zu einem quasi „Self-Controlling"[3] sind vielmehr genau zu definierende Kompetenzen einzuräumen, in deren Rahmen die verantwortlichen Kundenbetreuer ohne Rückfragen selbständig entscheiden können. Dies führt außerdem zu der im Prinzip erwünschten Begrenzung der zentralen Regelungsintensität und der unter Marketinggesichtspunkten notwendigen Flexibilität in der Kundenberatung. Wichtig ist selbstverständlich das konsequente Durchhalten eines solchen Führungskonzeptes der Steuerung durch Zielvereinbarungen (Management by Objectives). So darf die gerade beabsichtigte enge Verbindung zwischen Ziel und Handeln nicht dadurch wieder zerstört werden, daß die spätere Beurteilung und Belohnung nach anderen Größen erfolgt als im Budgetprozeß zugrunde gelegt wurden.

3 Vgl. Kl. Mertin: Self-Controlling, in: ZfgK 35. Jg. (1982), S. 1118 ff.

Damit befinden wir uns schon beim dritten Baustein, dem *institutionalisierten Controlling-Zyklus*. Bei diesem Baustein geht es vor allem darum, die Planungs- und Kontrollaktivitäten als feste Arbeitsbestandteile im Terminplan zu verankern. Derzeit sind bei den mittleren und großen Banken Budgetierungs- und Kontrollverfahren üblich. Allerdings entscheidet nicht das *ob*, sondern das *wie*. Ein Controlling-Zyklus muß nämlich folgendes sicherstellen: Erstens müssen strategische und operative Ziele formuliert und in strategische und operative Budgets umgesetzt werden. Hierbei ist es im operativen Bereich von erheblicher Bedeutung, daß ein *konsistenter* Plan für die Vertriebsstellen, Produkte und Kundengruppen entwickelt wird. Zum zweiten hat der Controlling-Zyklus die Funktion, daß ein systematischer, laufender Vergleich von Soll- und Istwerten mit entsprechender detaillierter Abweichungsanalyse auf allen Ebenen des Planungssystems erfolgt.

Wichtige Hauptmerkmale eines dem klassischen kybernetischen Regelkreis-Modell entsprechenden Planungs- und Kontrollsystems liegen in der grundsätzlichen Unterscheidung zwischen der Globalsteuerung (Struktursteuerung) und der Feinsteuerung, der zeitlichen Verknüpfung beider Controllingebenen durch das Prinzip der revolvierenden Planung und in der Verankerung des *Gegenstromprinzips* bei der Abstimmung der hierarchisch gegliederten Teilplanungen. Letzteres besagt, daß in einem zeitlichen Vor- und Rücklauf zwischen Zentrale und Marktbereich Pläne und Budgets entwickelt werden, in denen sich einerseits die globalen Ergebnis- und Geschäftsstukturvorstellungen der Bankleitung, andererseits die detaillierten Marktkenntnisse der Vertriebsbereiche niederschlagen. Mit dem Prinzip der Zielvereinbarung wird die „Selbststeuerung" vor allem über das psychologische Moment, daß die selbstgesteckten und formulierten Ziele und Budgets letztlich die größte Autorität aufweisen, unterstützt. Dazu bedarf es aber vor allem eines dynamischen, offenen und bürokratiefreien Führungssystems.

Jede Entscheidung ist letztlich nur so gut wie ihre informatorische Grundlage. Somit ist die Qualität von Steuerungsentscheidungen und damit die Qualität des gesamten Bank-Managements von der Existenz und vor allem wiederum der Qualität eines *controllingadäquaten Führungsinformationssystems* abhängig. Ein solches Management-Informationssystem weist grundsätzlich zwei Dimensionen auf: Das betriebswirtschaftlich / mathematisch-technische Rechnungsinstrumentarium und das systematische Informations-Management mit Hilfe eines bedarfsorientierten Berichtswesens.

1. Das auch heute noch mehr extern orientierte *Rechnungswesen* der Banken muß zu einem Informationsinstrument zur Fundierung bankpolitischer Entscheidungen ausgebaut werden. Im Vordergrund steht dabei die entscheidungsrelevante und unverfälschte Ergebnisinformation. So interessiert vor allem, welchen Ergebnisbeitrag einzelne Geschäfte oder, nach den Erfolgsdimensionen aggregiert, einzelne Geschäftsarten, Kundengruppen oder Geschäftsstellen bzw. Vertriebsstellen zum Betriebsergebnis und damit zum Gesamtergebnis liefern. Dabei müssen alle Ergebniskomponenten des einzelnen Bankgeschäfts, ob es sich nun um ein aktivisches oder passivisches Zinsgeschäft oder um ein Dienstleistungsgeschäft handelt, erfaßt werden.

Damit befinden wir uns im Bereich der das interne Rechnungswesen letztlich ausmachenden Bankkalkulation, deren Probleme in der sachgerechten Aufspaltung der Ergebnisgrößen auf Gesamtbankebene liegen. Dies gilt im Prinzip für alle Ergebniskomponenten einer Bank, die sich mit dem sog. ROI-Schema[4] in einen systematischen Zusammenhang bringen lassen. Ausgangspunkt dieses Analysekonzeptes ist die Rentabilität des Bank-Eigenkapitals. Sie ergibt sich aus der Relation von Reingewinnspanne (als Jahresüberschuß in Prozent des Geschäftsvolumens) und Eigenkapitalquote (vgl. Abb. 3). Während die Eigenkapitalrenta-

---

4 Vgl. H. Schierenbeck: a.a.O., S. 67

bilität über die Höhe der Eigenkapitalquote noch stark vom sog. Leverage-Effekt[5] geprägt wird, bildet die Reingewinnspanne die Grundlage für die Ergebnisanalyse im engeren Sinne. Sie wird mit der ROI-Analyse in die verschiedenen Ergebniskomponenten aufgespalten. So ergibt sich der Jahresüberschuß aus der Differenz zwischen dem Betriebsergebnis und dem außerordentlichen Ergebnis. Die Ergebniskomponenten, in der Abbildung 3 insbesondere für das Betriebsergebnis dargestellt, werden nach „rechts" weiter aufgespalten, so daß die Ertragsstruktur letztlich bis hin zu den einzelnen Geschäften „durchleuchtet" wird, was i. d. R. zu völlig neuen Erkenntnissen und zu einer völlig neuen Beurteilung der eigenen Entscheidungen und Geschäftspolitik führt.

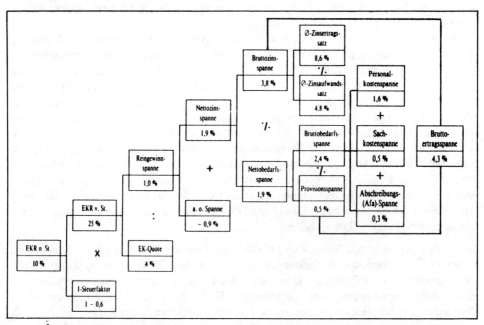

Abb. 3: Verknüpfung gesamtbankbezogener Ertragskennzahlen (ROI-Kennzahlenhierarchie)

Im Zinsbereich hat sich als Kalkulationskonzept die Marktzinsmethode[6] in großen Teilen der deutschen Kreditwirtschaft durchgesetzt.[7] Bei ihr werden Aktiv- und Passivgeschäfte völlig getrennt voneinander kalkuliert, wobei der Vorteil eines aktivischen Kundengeschäftes darin gesehen wird, daß es einen höheren Zinsbeitrag (= aktivischer Konditionsbeitrag) erbringt als die alternative fristenkongruente Anlage am Geld- und Kapitalmarkt. Der Ergebnisbeitrag einer Kundeneinlage dagegen besteht darin, daß sie weniger kostet als eine alternative, fristenkongruente Refinanzierung am Geld- und Kapitalmarkt (= passivischer Konditionsbeitrag). Als dritte Erfolgsquelle schließlich wird der auf Fristen- bzw. Währungstransformation beruhende Strukturbeitrag aus dem gesamten Zinserfolg isoliert.[8] Für

5 Vgl. ebenda S. 73
6 Vgl. ebenda S. 102 ff.
7 Vgl. Kl. D. Droste et al: Falsche Ergebnisinformationen − Häufige Ursache für Fehlentwicklungen in Banken, in: Die Bank 1983, S. 313 ff.; R. Flechsig / H. R. Flesch: Die Wertsteuerung − Ein Ansatz des operativen Controlling im Wertbereich, in: Die Bank 1982, S. 454 ff.; W. v. Schimmelmann / W. Hille: Banksteuerung über ein System von Verrechnungszinsen, in: Bilanzstrukturmanagement in Kreditinstituten, Hrsg. H. Schierenbeck / H. Wielens, Frankfurt 1984, S. 47 ff.; H. Schierenbeck a.a.O. S. 102 ff.
8 Vgl. U. Kilhey: Die Beurteilung des Erfolgs von Bankprodukten als Grundlage produktpolitischer Entscheidungen, Frankfurt 1987, S. 237.

die Kalkulation der Ergebnisbeiträge aus den Einzelgeschäften sind lediglich die direkten Ergebnisbestandteile relevant. Hierzu gehören im Wertbereich die Konditionsbeiträge und die kalkulatorischen Risikokosten, während aus dem Betriebsbereich die standardisierbaren Einzelkosten und damit direkten Betriebskosten sowie der Provisionsüberschuß direkt zugerechnet werden können.

2. Im *Berichtswesen* geht es darum, die Masse der produzierten Informationen systematisch zu kanalisieren, d.h. die richtige Information zur richtigen Zeit an den richtigen Ort zu bringen. Das zentrale Element eines steuerungsadäquaten Berichtssystems (vgl. Abb. 4)[8] ist die regelmäßige und systematische Berichterstattung über die aktuelle Ergebnisentwicklung der Bank.

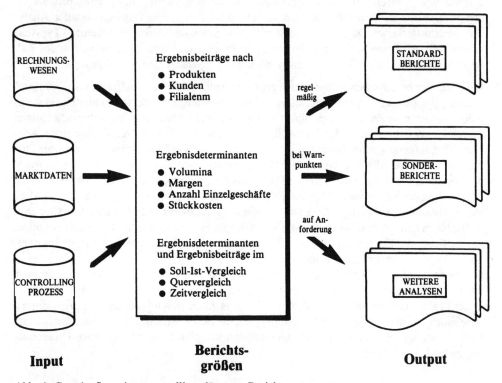

Abb. 4: Grundaufbau eines controllingadäquaten Berichtssystems

Solche Informationen, die der Überwachung und Steuerung der laufenden Geschäftstätigkeit dienen sollen, beziehen sich zum einen auf die drei zentralen Ergebnisdimensionen einer Bank, nämlich auf die aggregierten Ergebnisbeiträge der Produkte, Kundengruppen und Geschäfts- bzw. Vertriebsstellen. Diese sollen durch Zeit- und Quervergleiche zwischen einzelnen Produkten, Vertriebsstellen oder Kundengruppen die starken und schwachen Ergebnisträger identifizieren helfen. Darüber hinaus ist es im Rahmen eines kybernetischen Planungs- und Kontrollsystems die Aufgabe der Berichterstattung, in regelmäßigen Abständen Soll-/Istvergleiche zu liefern.

Die große Informationsflut, die mit ausgefeilten Kalkulationssystemen produziert werden kann, führt häufig dazu, daß das Berichtswesen mit grundsätzlich richtigen, aber deshalb noch nicht zwangsläufig bedarfsgerechten Informationen über alles erdenklich Relevante überfrachtet wird. Es besteht dann die Gefahr, daß die wirklich entscheidenden Informationen wegen der „Reizüberflutung" vom Entscheidungsträger einfach nicht mehr wahrgenommen werden. Deshalb gilt im Berichtswesen grundsätzlich das Primat der Informations-Askese, wobei für die Produktion und Bereitstellung von Informationen nach einem dreistufigen Bedarfsschema vorgegangen werden könnte (vgl. Abb. 4). Nur ein begrenzter Teil der vom Entscheidungsträger benötigten Informationen wird auch regelmäßig unaufgefordert in Standardberichten geliefert. Diese z. B. monatlichen Standardberichte enthalten immer die gleiche Art exakt definierter Basisinformationen. Darüber hinausgehende Informationen werden nur bei konkreter Bedarfsäußerung bzw. beim Überschreiten vorab definierter Schwellenwerte (in Art eines Frühwarnsystems) in Sonderberichten geliefert. Als dritte Kategorie können schließlich noch problemspezifische, individuelle Analysen unterschieden werden. Während für die Standard- und die Sonderberichte i. d. R. schon produzierte und aufbereitete Informationen verwendet werden können, müssen bei individuellen Analysen die erforderlichen Daten i. d. R. erst noch gewonnen und aufbereitet werden. Typische individuelle Analysen sind z. B. Erhebungen in Projektstudien, z. B. beim Aufbau des Kalkulationssystems die Analyse der materiellen Bindungsdauer von Spareinlagen.

Bei allen vier beschriebenen Bausteinen ergibt sich eine Fülle von Aufgaben und Detailproblemen, die bei der Implementierung eines entscheidungsorientierten Steuerungssystems gelöst werden müssen. Zwar beschäftigt sich die deutsche Bankwirtschaft schon seit einigen Jahren intensiv mit Fragen des Controlling, jedoch sind viele Detailfragen, die in der konkreten Umsetzung solcher Systeme auftreten, noch ungelöst bzw. befinden sich in der Diskussion. Dies betrifft vor allem das Managementinformationssystem, bei dem sowohl methodische wie auch system- und EDV-mäßige Umsetzungsfragen noch offen sind. So wird in jüngster Zeit intensiv über die Frage der „richtigen" Ermittlung des Konditionsbeitrages diskutiert, wobei diese Diskussion unter dem Stichwort „Effektivzins- und Opportunitätszinsrechnung" geführt wird. Im Bereich der Betriebskostenrechnung geht es vor allem um die Frage der Zurechenbarkeit von Kosten auf einzelne Geschäfte, aggregierte Produktarten, Kundengruppen und Vertriebsstellen.

Neben den sehr wichtigen und interessanten methodischen Fragen, die, so lange sie noch ungelöst sind, zu vielen zeitraubenden und überflüssigen Sitzungen führen können, geht es in der Praxis aber vor allem auch darum, die menschlich-psychologische und organisatorische Komponente sowie die betriebsindividuellen Besonderheiten der (grundsätzlich am Ertrag orientierten) Steuerungs- und Geschäftsphilosophie bei der praktischen Umsetzung mit zu berücksichtigen.

Trends in Controllingphilosophie und Steuerungspraxis in Banken

Dr. Johannes Ringel

Es besteht aktuell ein großer Bedarf, über Fragen des Controlling zu diskutieren und eine neue Standortbestimmung vorzunehmen.

Einerseits ist Controlling „in", wie neulich ein Autor in „Blick durch die Wirtschaft" (28.07.87) feststellte.

Controller sind gefragt.

Die Anwendung von Controllingsystemen ist nicht mehr nur auf Großunternehmen beschränkt. Auch der Mittelstand „controlled", ob in der Industrie oder bei den Banken.

Morgen wird in Berlin das Ergebnis eines Arbeitskreises der Schmalenbach-Gesellschaft über „Controlling in der öffentlichen Verwaltung" vorgestellt.

Hinreichend Beweise für die Behauptung, daß Controlling unaufhaltsam alle Bereiche in Wirtschaft und Verwaltung zu durchdringen beginnt.

Auf der anderen Seite beginnen die, die sich schon länger professionell mit Controllingfragen befassen
- *entweder* sich immer mehr ins Detail zu verbeißen − als Stichworte seien nur „Marktzinsmethode", „Effektivzins", „integrierte Kundenkalkulation" − genannt
- *oder* in grundsätzliches Nachdenken darüber zu versinken, ob der von ihnen gewählte Controllingansatz tatsächlich geeignet ist, das angestrebte Ziel zu erreichen.

Wenn ich Herrn Rolfes richtig verstanden habe, dann beabsichtigen Sie, sich heute und morgen primär mit dem „entweder" zu befassen, d. h. vorrangig mit Themen wie z. B. „richtiges Effektivzinskonzept", „Struktur einer Kundenkalkulation" etc., also Themen, die mehr Controlling inhärente Fragen betreffen.

Ich werde mir in meinem Vortrag diesen intellektuellen Genuß versagen und mich mehr mit den generellen Fragen des Controlling, also mit dem grundsätzlichen Nachdenken beschäftigen.

Das heißt nicht, daß nicht auch wir in der WestLB uns exzessiv mit einem Thema wie „Marktzinsmethode" und „Effektivzinskonzept" auseinandergesetzt hätten!

Herr Dr. Blumentrath, der mich begleitet hat, wird unsere hauseigene DEZ-Lösung, d. h. dispositionsbezogene Effektivzinslösung als seligmachend (wenn auch nicht *alleinseligmachend*) verteidigen.

Wenn ich micht mehr auf die generellen Fragen konzentrieren möchte, so deshalb, weil ich glaube, daß sie im Moment für die Praxis der Steuerung gewichtiger sind als die letztendliche Abklärung des Streitwertes zwischen den unterschiedlichen Auffassungen zum Effektivzinskonzept.

I. Grundsatzprobleme in der aktuellen Controllingsituation

Warum hat einige von uns ein grundsätzliches Grübeln darüber ergriffen, ob der von uns gewählte Controllingansatz geeignet ist, das angestrebte Ziel zu erreichen? Die in der Formulierung der Fragestellung enthaltene Feststellung, daß wir *anstreben* zu erreichen, aber noch nicht erreicht haben, ist nicht zufällig.

Ich behaupte, daß noch keiner von uns das angestrebte Controllingsystem erfolgreich implementiert hat, und ich wage die Prognose, daß keiner es auch jemals erreichen wird.

Die Begründung ist einfach, damit aber nicht weniger überzeugend: Alle unsere Systeme benötigen mehr oder weniger lange Implementierungszeiten und an irgendeiner Ecke unseres Instituts ändern sich in dieser Zeit immer wieder neu die Bedingungen, so daß wir letztendlich in einem permanenten Anpassungsprozeß bleiben werden.

„Das" existierende Controllingsystem gibt es nicht. Hier liegt m. E. ein wesentlicher Grund für den ständigen Überdenkungsprozeß, der sich in einer stattlichen Zahl von Einzelproblemen niederschlägt. Die wichtigsten möchte ich hier − ohne Priorisierung − kurz anreißen:

1. Das Akzeptanzproblem

Auf den ersten Blick scheint sich hier ein Widerspruch abzuzeichnen: Einerseits ist Controlling „in", durchdringt zunehmend Wirtschaft und Verwaltung und auf der anderen Seite nun Akzeptanzprobleme.

Der Widerspruch ist tatsächlich nur scheinbar, denn der Entschluß, ein Controlling einzuführen, ist nicht zwingend deckungsgleich mit der Akzeptanz des Controllings und seiner Ergebnisse.

Sehr häufig resultierte und resultiert die *Einführung des Controllings aus einem akuten Leidensdruck,* sei es wegen Ertragseinbrüchen, Risikozuwächsen oder Kostenexplosionen. Controlling wird hier als Problemlösung zwar gerufen, wenn es sich dann aber mit seinen Ergebnisen wie Transparenz, klare Zuordnung von Erträgen und Kosten zu Verantwortlichkeiten hautnah gestaltet, beginnt die Flucht in die Kritik und Nicht- oder Wenig-Akzeptanz. Diese Fluchtbewegung ist nicht führungsebenenspezifisch. Man findet sie auf der 1. Führungsebene ebenso wie auf der 2. und 3. Ebene.

Ähnlich ist das Verlaufsbild oft in den Fällen, in denen freiwillig oder unter Druck das *Controlling dominant durch einen Dritten, zumeist einen Unternehmensberater, eingeführt wird.* Fehlende Anpassung der standardisierten Problemlösung des Beraters an die spezifischen Belange des eigenen Unternehmens führt dann − der Berater ist längst aus dem Hause − zu Absetzungsbewegungen von einem Controlling, das „man so natürlich nicht gewollt hat".

Ein weiterer, m. E. nach gravierender Grund für fehlende Akzeptanz liegt in *Kommunikationsproblemen und Zielsetzungsdivergenzen* zwischen Stab, d. h. Controllingabteilung, und Linie, also denjenigen, die in praxi den Steuerungsprozeß umsetzen sollen.

Zu häufig wird noch immer der Fehler gemacht, blutjunge Youngster und wenig geschäftserfahrene Mitarbeiter leitend in die zentralen Controllingstäbe zu nehmen. Allein hierin spiegelt sich m. E. der Stellenwert wider, den viele Top-Manager − z. T. aus Unkenntnis oder innerem Unbehagen − dem Controlling zuordnen. So stößt hoher Intellekt, geschult in Formalsystemen zu denken, und begierig darauf, den Nachweis zu erbringen, daß auch in noch so komplex angelegten Systemen eine unverrückbare Logik gegeben ist, auf den auf Umsatz über Flexibilität, Anpassungsfähigkeit und Intuition geschulten Mann an der Front.

Während der eine in Vollständigkeit, Komplexität und präziser Detaillierung sein Ziel sieht, erwartet der andere wenige, zeitlich und inhaltlich auf den grob definierten Bedarf abgestellte Steuerungsinformationen.

Gegenseitiges Unverständnis, Konflikt, Akzeptanzprobleme sind vorgezeichnet.

Eine erhebliche Akzeptanzhürde, die wir in der WestLB zu überwinden hatten, hängt mit der Controllingphilosophie unseres Hauses zusammen.

Wir steuern konsequent nach dem *Prinzip der Ergebnisverantwortung*. Damit verknüpft ist das Konzept des Opportunitätszinssatzes als Trennkriterium zwischen Beitrag eines Kundengeschäftes und ggf. vorhandenem Fristentransformationsergebnis.

Als wir Prinzip und Konzept einführten, standen wir alle noch unter dem Eindruck der inversen Zinsentwicklung der Jahre 1978/1981. Von daher drängte sich keiner der im Kundengeschäft tätigen Mitarbeiter danach, Verantwortung für Ergebnisse aus der Fristentransformation zu übernehmen.

Unser Controlling verzeichnete Akzeptanz des Prinzips der Ergebnisverantwortung und des Konzeptes Opportunitätszins.

Danach begann die beispiellose Zinssenkungsentwicklung. Wie selten zuvor erlebten wir einen Gleichklang der Zinsprognosen mit dem Tenor: Weiter sinkend. Immer mehr Banken vergaßen die Erfahrung, die sie gerade mit dem Thema Fristentransformation oder Inkongruenzen gemacht hatten. Die Margen wurden zunehmend unter Einrechnung „sicherer" Fristentransformationsergebnisse kalkuliert.

Unsere Kundenbetreuer kamen immer mehr durch die Verhaltensweise der Wettbewerber unter Druck. Die Erreichung der Mindestmargen wurde schwieriger oder gar unmöglich.

Die Akzeptanz des Opportunitätszinskonzeptes kam ins Wanken, aus der Sicht unserer Kundenbetreuer zu Recht, denn sie wurden ständig von ihren Kollegen anderer Banken „ausgepriced", deren Controller sich scheinbar einen „Deubel" um das Opportunitätszinsprinzip und um Kriterien wie „Klarheit der Ergebniszuordnung" kümmerten.

Wollte die Bank ihre Martkposition nicht gefährden, mußte in puncto Margenpolitik etwas geschehen.

Wir reagierten durch die Einführung der sog. „Vorgabemarge", d. h. einer Marge, die jenseits der Mindestmarge sich an den Marktgegebenheiten orientiert. Wird diese durch den Kundenbetreuer erreicht, hat er sein Ziel erreicht.

Wir glaubten, damit das Problem gelöst und das Konzept des Opportunitätszinssatzes gerettet zu haben. Was wir übersehen hatten, war, daß der Kundenbetreuer in der Kundenkalkulation seine Kunden nach wie vor auf Basis Mindestmarge nach Vollkostenprinzip abgerechnet bekam.

Um diese Diskrepanz zu beseitigen, waren wir gezwungen, praktisch zwei Kalkulationen zu erstellen:

− eine nach Vorgabemargen, um die Performance und Zielerreichung eines Kundenbetreuers überprüfen zu können und

− eine nach Mindestmargen, um das nicht durch aktuelle Marktgesichtspunkte überlagerte „wahre" Kundenergebnis zu sehen.

Aber selbst mit diesem Schritt waren noch nicht alle Probleme ausgeräumt. Es bedurfte einer gewissen Zeitspanne, bis die Kundenbetreuer motivationsmäßig verkraftet hatten, daß ihnen letztlich eine geringere Marge zugeordnet wurde als dies − vermutlich − bei ihren Kollegen in anderen Häusern der Fall ist.

2. Das Philosophieproblem

Nun zu einem weiteren Problembereich, den ich das „Philosophieproblem" nennen möchte. Ich verstehe darunter den zwingenden Zusammenhang von Führungsleitbild, Controllingphilosophie und Controllingsystem. Nur wenn sich das Controlling*system* in eine klare Controlling*philosophie* einbetten läßt, die ihrerseits sich aus dem Führungs- und Unternehmensleitbild einer Bank ableitet, kann mit einiger Sicherheit davon ausgegangen werden, daß das Controllingsystem die Kultur eines Unternehmens trifft und damit soviel Deckungsgleichheit mit dem Sein und Wollen eines Unternehmens erreicht, daß mit Akzeptanz und Zielerreichung gerechnet werden kann.

Aufgrund der Kenntnis einiger Banken wage ich allerdings die Behauptung, daß selbst für den Fall, daß der eben beschriebene Zusammenhang erkannt ist, oft damit noch keine Lösung des Philosophieproblems gegeben ist. Denn sehr häufig ist die Erkenntnis dieses Zusammenhanges erst der Auslöser, sich mit den Themen „Führungsleitbild" und „Controllingphilosophie" ernsthaft zu beschäftigen.

Bei einer Vielzahl von in der Implementierung befindlichen Controllingsystemen sind diese Fragen explicit gar nicht berücksichtigt oder der Controller hat − notgedrungen! − *sein* Führungsleitbild und *seine* Philosophievorstellung verwirklicht.

Spätestens, wenn die ersten Ergebnisse kommen, oft jedoch schon in der Implementierungsphase, werden fehlende Kompatibilität und fehlende Klarheit von Führungsleitbild und Controllingsystem so deutlich, daß die Probleme beginnen. Hinzu kommt, daß wir uns alle m. E. ziemlich schwer tun, Controlling überhaupt zu definieren. Ein Blick in die immer breiter werdende Controllingliteratur zeigt, daß fast jeder, der etwas zum Thema Controlling zu sagen hat, zunächst einmal *seine* Definition voranstellt und dann von dieser Position aus argumentiert.

Dies fördert nicht gerade den Dialog.

Andererseits macht es nur deutlich, daß zumeist bereits in die Definition von Controlling Ziel- und Wertvorstellungen eingehen, daß die Controllingdefinition geprägt wird von der dahinterstehenden individuellen Philosophie, wie konkret sie auch immer formuliert sein mag.

Zur Verdeutlichung möchte ich unsere WestLB-Definition − wir haben natürlich auch eine eigene! − zitieren. Sie stammt aus dem Jahre 1980:

> „Controlling ist die Unterstützung der oberen Führungsebenen bei allen Steuerungsfragen, die einen nachhaltigen und in der Größenordnung relevanten Einfluß auf die Markt-, Rentabilitäts- und Risikosituation des Bankkonzerns haben. Die Unterstützung geschieht durch ein laufendes internes Berichtswesen (MIS), durch Koordinierung des Planungsprozesses (Jahresbudget, strategische Planung) und durch betriebswirtschaftliche Beratung."

(Zitat Ende)

Sie sehen, wie metaphysische und instrumentale Aussagen gekoppelt sind, wie versucht wird, philosophierelevante und systemrelevante Aspekte bereits in der Definition von Controlling zu verknüpfen.

Wie stark Controllingsysteme von unterschiedlichen Controllingphilosophien determiniert werden, sei an folgendem Beispiel dokumentiert:

Nehmen wir in *Fall 1* eine Bank mit nur eindimensionaler Bankstruktur; sagen wir eine überwiegend nach dem Filialprinzip ausgerichtete Bank mit nur wenigen zentralen Profit-Centern; unterstellen wir weiterhin in dieser Bank nur eine einstufige Erfolgsdelegation, einen hohen Anteil an Massengeschäft und nur eine begrenzte Bereitschaft, technische Ressourcen für die Steuerungssysteme zur Verfügung zu stellen, dann bietet sich für diese Bank primär ein einstufiges Profit-Center-System als Controllingsystem an. Der Aufbau einer ausgefeilten Kundenkalkulation ist für eine solche Bank im wahrsten Sinne des Wortes „zweitrangig".

Nehmen wir dagegen in *Fall 2* eine Bank mit vielschichtiger Bankenstruktur, differenzierter Erfolgsdelegation, einem relativ geringen Massengeschäft und der Bereitschaft, verhältnismäßig viel technische Ressourcen für Controllingzwecke bereitzustellen. Für diese Bank bietet sich als Controllingsystem ein Zentralsystem mit Einzelgeschäftssteuerung an.

Dieses System implementieren wir z. Z. in der WestLB. Ich werde später noch darauf eingehen.

3. Das Flexibilitätsproblem

Bevor ich das tue, möchte ich noch einige weitere, m. E. wesentliche Problemkreise ansprechen.

Zunächst das Flexibilitätsproblem:

Welcher Controller kann davon kein Lied singen! Da sind alle Steuereinheiten klar definiert, katalogisiert, in der EDV verdrahtet und dann kommt die Organisationsänderung und nichts paßt mehr, vielmehr muß alles angepaßt werden – wenn es geht, wenn das System so flexibel ist, daß Organummernänderungen nicht dazu führen, daß ganze Verknüpfungsketten neu gedacht, definiert, formuliert und implementiert werden müssen. Was in der Theorie nur ein Gedankensprung ist, kann in der Praxis die Arbeit von Wochen zur Makulatur verkommen lassen. Und dabei sind dies noch die harmlosesten Flexibilitätsprobleme.

Wir in der WestLB haben uns z. B. sehr schwer getan mit den neuen Kalkulationsanforderungen des Investment Banking.

Wie bereits erwähnt, fahren wir ein Zentralsystem mit Einzelgeschäftssteuerung. Das bedeutet: Kleinster Baustein des Systems ist das Einzelgeschäft.

Je nach Steuerungsziel werden diese Einzelgeschäfte zum Kunden, zum Produkt oder zur Betriebsstelle verknüpft. Obwohl wir damit m. E. einen sehr hohen Grad an Flexibilität des Systems sicherstellen, bringt das Investment Banking dennoch eine zusätzliche Anforderung, die wir bisher nicht eingerichtet hatten: die Notwendigkeit, einzelne Geschäfte zum „Deal" zu verknüpfen.

Im internationalen Wertpapieremissionsgeschäft ist es mittlerweile Usus, das Pricing einer Anleiheemission unter Einrechnung von Erträgen eines an der Emission hängenden Swaps, eines eventuellen Devisengeschäftes und differenzierter Provisionen z. B. für die Zahlstellenfunktion zu kalkulieren.

Nur dieser holistische „Deal"ansatz macht noch wettbewerbsfähiges Pricing möglich. Dabei kann sich einzelgeschäftsbezogen betrachtet durchaus die Situation ergeben, daß das Geschäft „Emission" alleine betrachtet negativ ist, der „Swap" hoch positiv, das „Devisengeschäft" negativ und die „Zahlstellenfunktion" plus/minus null.

Eine Zurechnung dieser Einzelgeschäfte zu einzelnen Kunden macht nunmehr bei dieser Abhängigkeitsstruktur aber keinen Sinn mehr bzw. gibt kein eindeutiges Bild der Rentabilität einer Kundenbeziehung wieder. Verknüpfungskriterium ist hierbei die „Deal"abhängigkeit. D. h., es stellt sich für uns die Frage, ob wir das Investment Banking in diesem erläuterten Ausschnitt überhaupt noch sinnvoll in eine Verknüpfung zum Kunden bringen können.

Die Lösung dieser Frage hat nicht nur theoretischen Wert, vielmehr hängt ein wesentlicher Teil der Motivation der in einen derartigen Deal involvierten Abteilungen davon ab, daß das Controlling in den Informations- und Kalkulationssystemen das Dealergebnis in den Vordergrund stellt und nicht das – wenig aussagefähige – Einzelgeschäft.

Dieses Beispiel soll zeigen, daß selbst in der Grundkonzeption extrem flexibel angelegte Systeme durch Marktentwicklungen dennoch aus der Bahn geworfen werden können.

4. Das Zeitproblem

Nicht minder gewichtig für den Überdenkungsprozeß scheint mir ein weiterer Problembereich zu sein, den ich als das „Zeitproblem" zusammenfassen möchte.

Als wir in der WestLB 1982/1983 die Grundsteine für unser heutiges Controllingkonzept legten, waren sich alle Beteiligten einig, daß in der dem Vorstand gegenüber abgegebenen Prognose für den Fertigstellungstermin Ende 1985 letztlich noch eine gewisse Sicherheitsreserve steckte. Heute wären wir vorsichtiger! Heute wüßten wir, daß bei komplexen Bankkonzernstrukturen Zeitangaben in Dekadenform realistischer wären!

Warum?

Eines der am meisten unterschätzten Probleme bei großen komplexen und stark im langfristigen Geschäft engagierten Banken ist das Problem der *Datenverfügbarkeit*.

Die Altvorderen, die irgendwann in den 60er Jahren das Kontoerfassungsblatt für ein 30-jähriges Festzinsdarlehen ausfüllten, dachten damals noch nicht daran, daß wir zu Kalkulations-, Verknüpfungs- und Steuerungszwecken heute klare Angaben über das Zinsab-Datum, den OZ, die verantwortliche Abteilung usw. benötigen.

Die Aufbereitung dieser Daten oder die Festlegung der Schnittstellen, ab wann die neue Controllingzeitrechnung beginnt, das damit verbundene Problem der „veranwortungsfrei vagabundierenden Altbestände", all diese Probleme sind von uns in ihrer zeitlichen Dimension sträflich unterschätzt worden.

Darüber hinaus mußten wir die Erfahrung machen, daß unser in der Grobschnittform intellektuell so klares und bestechendes System auf dem Wege zur *Realisierung* dann von einer Hürde zur anderen kam, an der nicht geplante Zeit benötigt wurde. Die Umsetzung der berechtigten Anforderung, z. B. die bei einem Exportgeschäft mit der staatlichen Außenhandelsbank der DDR erzielten Volumina und Erträge nicht bei der Außenhandelsbank, sondern bei dem inländischen Exporteur der Waren zu erfassen, da letztlich er Auslöser des Warengeschäftes und bestimmender Faktor für unsere Einschaltung bei der Finanzierung dieses Geschäftes ist, ist intellektuell kein sonderliches Problem; die Realisierung dagegen muß Hürden wie EDV-Aufwand, Erfassungsaufwand, Dokumentationsaufwand etc. überwinden, an die bei der ursprünglichen Zeitprognose keiner gedacht hatte.

Nun könnte man meinen, der vermehrte Zeitaufwand sei so schlimm auch nicht – läßt man einmal die damit automatisch gestiegenen Kosten außer acht. Einige Jahre eher oder später, daran dürfte ein derartiges System nicht scheitern.

Aber gerade hier liegt der Punkt. Häufig unter Zeitdruck beschlossen, oft mit persönlicher Autorität als zwingend erforderlich der Führungsmannschaft verkauft, muß man nun feststellen, daß das als Problemlösung heiß erwartete Controlling auf sich warten läßt.

Je nach gegebener unternehmerischer Situation werden die Fragen nach dem endgültigen Fertigstellungszeitpunkt drängender und schärfer oder – insbesondere, wenn die Krisensituation auch ohne Controlling überwunden wurde – das Interesse läßt nach, Ressourcen sind immer schwerer für Controlling freizubekommen, allgemein: der Stellenwert sinkt.

Akzelerator in diesem Prozeß in die Krise ist häufig die Notwendigkeit, neben dem „Controllingsystem in Arbeit" noch andere Steuerungssysteme parallel fahren zu müssen.

Ein Beispiel mag dies verdeutlichen:

Wir haben in der WestLB ein „Konzept zur optimalen Steuerung von Volumina im Konzern" entwickelt. Im Kern führt dieses Konzept dazu, daß Kredit- und Wertpapiergeschäfte

nicht unbedingt in der Betriebsstelle verbucht werden, in der sie akquiriert worden sind —
sagen wir Paris —, sondern dort, wo — unter Beachtung von bestimmten Nebenbedingun-
gen — der höchste Ertrag nach Steuern erzielt wird — sagen wir London.

Dieses Konzept ist mit unserem Steuerungssystem nach Ergebnisverantwortung voll kom-
patibel, da unabhängig vom Verbuchungsort der von der akquirierenden Stelle zu verant-
wortende Ertrag beim Kunden anfällt.

Das Marketingergebnis einer Betriebsstelle als Spiegel all der Ergebnisse, die eine Betriebsstelle verantwortlich im Kundengeschäft erzielt hat, ergibt sich aus der Aggregation der
Kundenergebnisse. Zusatzerträge durch die Wahl eines anderen Verbuchungsortes haben
mit dem Kundenergebnis und damit mit dem Ergebnis der Betriebsstelle nichts zu tun.

Vor diesem Hintergrund müßte es jeder Betriebsstelle im Prinzip gleich sein, wo die von ihr
akquirierten Geschäfte verbucht werden.

Das ist aber nicht der Fall.

Zum einen haben wir noch Probleme, den umfassenden Leistungsbeitrag einer Betriebsstelle
in den Verantwortungskategorien unseres Steuerungskonzeptes zu zeigen, so daß parallel
noch eine Betriebsstellen-GuV gefahren wird. Diese ist im herkömmlichen Sinne umfassend
und damit Konkurrent des Controlling-Steuerungssystems.

Diese Konkurrenzsituation wird *zum anderen* noch dadurch gestützt, daß trotz aller intellektuellen Akzeptanz unseres Steuerungssystems im Herzen des einen oder anderen „prudent
bankers" eine „richtige" Betriebsstelle sich in einer „richtigen" GuV niederschlagen muß.
Zwar ist der Überzeugungsprozeß mittlerweile weitgehend gelungen, doch sicher ist, daß er
durch Zeitverzögerungen in der Fertigstellung unseres Steuerungskonzeptes erheblich
erschwert worden ist.

Wegen der aufgezeigten Probleme ist m. E. die Zeitfrage bei der Installation eines Controllingsystems eine wesentliche Determinante. Weniger Komplexität, weniger datenmäßig
schwierige Geschäftsbereiche auf einmal und damit z. T. etwas zu vereinfachende und nicht
ganz vollständige, dafür aber in kurzer Zeit tatsächlich verfügbare Systeme — das ist der
Entscheidungsrahmen.

5. Das Humanitätsproblem

Abschließend möchte ich zu diesem Komplex noch kurz ein Problem streifen, das meines
Wissens erst relativ neu in der Diskussion ist und insofern wahrscheinlich erst bei einigen
ein Nachdenken erzeugt; ich möchte es das „Humanitätsproblem" nennen.

Das Unbehagen, das hier Ausdruck sucht, hat seine Quelle in der Unsicherheit darüber, ob
wir mit unserem „entmenschlichten" Controlling, mit unserem „Zahlenakrobatik"-
Controlling jemals unser Ziel erreichen werden.

Den an dieser Stelle Grübelnden quält die Frage, ob mit reinem „financial and accounting"-
Controlling tatsächlich ein Unternehmen erfolgreich gesteuert werden kann oder ob wir
nicht viel mehr Gewicht auf den Faktor Mensch und damit auf die *Steuerung von Verhalten*
legen müßten.

Ist man erst einmal soweit, daß man die Dominanz von Rechnungswesen und Betriebswirt-
schaft im Zusammenhang mit Controlling in Frage stellt, dann ist der multidisziplinäre
Ansatz, der neben den eben genannten Fachbereichen noch Personal, Technik, Logistik,
Informatik etc. umfaßt, nicht weit.

Ich nenne hier nur als ein Beispiel die Umsetzung von Controllinginformationen in eine
leistungs- und motivationsgerechte Führungskräftevergütung.

Jedem, der einmal Kundenkalkulationen unter diesem Blickwinkel gewertet hat, ist klar, daß mit der reinen Kalkulation und Erfolgsinformation nur die Spitze des „Problem-Eisberges" geortet ist.

6. Fazit

Schon die bisherige, sicher nicht vollständige Listung von Problembereichen, die den einen oder anderen Controller mehr oder minder verunsichern und zum Nachdenken bringen, zeigt, daß wir letztendlich in allen wesentlichen Fragestellungen, die sich im Zusammenhang mit Controlling ergeben, Fehler gemacht haben oder — wenn Ihnen das zu hart formuliert ist — wo wir Korrekturansätze sehen.
Wir werden sicher den Fragen
- Wer bin ich?
- Was will ich?
- Was kann ich?
- Wie mach ich's?

mehr Aufmerksamkeit und z. T. auch Zeit schenken müssen, wenn wir weiter erfolgreich Controlling betreiben wollen.
Die Fehler, die gemacht wurden, sind zumeist alle erklärlich. Ich erwähnte Aspekte wie „Leidensdruck", „Unerfahrenheit", „unreflektierte Übernahme von Standardlösungen anderer".
Ihre Erklärungsfähigkeit rechtfertigt jedoch nicht ihre Fortsetzung. Damit stellt sich die Frage nach den Konsequenzen.

II. Konsequenzen

Für mich am einfachsten und für Sie am konkretesten ist es, wenn ich versuche, Ihnen die Konsequenzen aufzuzeigen, die wir bei der WestLB aus dem Nachdenkprozeß für unsere Steuerungspraxis gezogen haben.
Bevor ich dies tue, möchte ich kurz unser Controllingsystem umreißen:
Wie mehrfach erwähnt, fahren wir ein ganzheitliches einzelgeschäftsorientiertes Controllingsystem.

1. Das ganzheitliche, einzelgeschäftsorientierte Controllingsystem der WestLB

Ziel unseres Controllingsystems ist es, die für die Steuerung der Ergebnisse des Bankkonzerns erforderlichen Ist- und Plan-Informationen bereitzustellen. Kleinster Baustein ist dabei das Einzelgeschäft.
Unsere Steuerungsphilosophie basiert auf dem Prinzip der Ergebnisverantwortung, d. h. die einzelnen Steuerungseinheiten sind so definiert, daß sie organisatorisch eindeutig einzelnen Verantwortungsträgern zugeordnet werden können. Dahinter steht das Leitbild des eigenverantwortlich operierenden, das Ganze über den Abteilungsnutzen stellenden Managers, der sich, durchsetzungsfähig und -willig, dennoch als Mitglied eines Teams versteht.
Um zu klaren Verantwortlichkeiten zu kommen, wird das Bankkonzernergebnis in fünf Ergebnisbeiträge und damit fünf Hauptsteuerungsbereiche aufgegliedert:
- Marketingergebnis
- Risikoergebnis
- Produktionsergebnis

- Transformationsergebnis
- Handelsergebnis

1.1 Das Marketingergebnis spiegelt den Erfolg aus dem Einsatz aller Leistungen des Bankkonzerns im Kundengeschäft wider (zinstragende Produkte, provisionstragende Dienstleistungen und Handelsprodukte).

Dabei werden
- alle spekulativen Ergebnisteile aus Fristentransformation oder Handelspositionen eliminiert, da sie nicht aus dem Geschäft mit dem Kunden resultieren, sondern aus einer davon unabhängigen Spekulationsentscheidung der Bank (Beispiel: Ein langfristiges Darlehen wird nicht fristenkongruent refinanziert). Die Eliminierung geschieht durch die Kalkulation des Marketingergebnisses auf Bais von Opportunitätssätzen und kalkulatorischen Handelsmargen;
- die Wertkosten (Risiko, Eigenkapitalverzinsung) und die Betriebskosten, die dem Kundengeschäft zuzurechnen sind, auf Basis von Plan- bzw. Standardkosten kalkuliert. Auch hier ist das Ziel, das Kundengeschäft (Marketingergebnis) nur mit den Kosten zu belasten, die marktüblich sind, nicht dagegen mit Kostenbestandteilen, die nicht der für das Marketingergebnis verantwortliche Kundenbetreuer zu verantworten hat (überhöhte effektive Risikokosten wegen z. B. unzureichender Risikosteuerung; ineffiziente Bereitstellung von Produkten durch einzelne Produktbereiche).

Ein so kalkuliertes Marketingergebnis zeigt den echt aus dem Kundengeschäft resultierenden Ergebnisbeitrag, wie ihn der Kundenbetreuer unter Wettbewerbsbedingungen verantworten und steuern kann. Negative Entwicklungen werden durch Maßnahmen an der richtigen Stelle, nämlich auf den Markt bezogen (Kundenzusammensetzung, Preispolitik, Produktqualität, Vertrieb etc.), beseitigt.

1.2 Das Risikoergebnis spiegelt wider, welche kalkulatorischen Erlöse zur Risikoabdeckung im Kreditgeschäft eingespielt werden (im Marketingergebnis dem Kunden als kalkulatorische Risikokosten belastet) und wie hoch die effektiven Risikokosten sind. Die Verantwortung für die Differenz zwischen kalkulatorischer Risikokostenabdeckung und effektiven Risikokosten liegt gemeinsam beim Zentralen Kreditbüro und den jeweils verantwortlichen Kundenbetreuern. Durch die klare Trennung zwischen Marketingergebnis und Risikoergebnis werden z. B. zu hohe effektive Risikokosten an der richtigen Stelle, nämlich beim Risikosteuerungssystem, zu korrigieren sein und nicht dem Markt angelastet.

1.3 Das Produktionsergebnis spiegelt wider, welche kalkulatorischen Erlöse aus der innerbetrieblichen Leistungserstellung erzielt werden (im Marketingergebnis den Kunden als kalkulatorische Betriebskosten belastet) und wie hoch die effektiven Betriebskosten sind. Die Verantwortung für die Steuerung der Differenz zwischen kalkulatorischer Abdeckung der Betriebskosten und tatsächlichen Betriebskosten liegt bei den für die jeweilige Leistungsart verantwortlichen Produktbereichen und Kostenstellen. Eventuelle Fehlentwicklungen werden an der richtigen Stelle, nämlich in den Produktbereichen und Kostenstellen, durch z. B. Rationalisierung, Kapazitätsanpassung etc. zu bereinigen sein und werden nicht durch Erhöhung der Kostenvorgaben dem Markt angelastet.

1.4 Das Transformationsergebnis spiegelt den Erfolg des Bankkonzerns aus der Fristentransformation, dem Geldhandel und dem Bilanzstrukturmanagement, einschließlich der Eigenkapitalanlage wider. In diesem Steuerungsbereich werden die Ergebnisse, die sich aus dem Vergleich der Opportunitätssätze auf Aktiv- und Passivseite ergeben, ermittelt. Verantwortlich für dieses Ergebnis ist der Dispositionsausschuß. Zielgröße ist ein möglichst hohes Transformationsergebnis unter Beachtung von Limiten (externe Grundsätze, Inkongruenzlimite, interne und externe Eigenkapitalrelationen).

1.5 Das Handelsergebnis spiegelt den Erfolg der Bank aus der Positionenhaltung in Wertpapieren, Devisen, Sorten und Edelmetallen für das Eigengeschäft wider. Der Teil des GuV-mäßigen Handelsergebnisses, der im Kundengeschäft erziel wird, wird durch kalkulatorische Handelsmargen abgespalten und im Marketingergebnis ausgewiesen. Zielgröße ist ein möglichst hohes Handelsergebnis unter Beachtung der Handelslimite.

Neben diesen fünf Hauptsteuerungsbereichen existieren weitere Untersteuerungsbereiche. So ist z. B. ein Unterbereich zum Transformationsergebnis die Steuerung der liquiditätsmäßigen und rentabilitätsmäßigen Eigenkapitalanlage. Die im Kundengeschäft angesetzten Eigenkapitalkosten sind ein Standardsatz, der sich aus der geschäftspolitischen Zielgröße für die gewollte Gesamt-Eigenkapitalverzinsung (z. B. 20 % vor Steuern) ergibt. Wenn hiervon aus der Anlage des Eigenkapitals in Beteiligungen, Grundstücken etc. nachhaltig 8 % erzielt werden, muß das Kundengeschäft danach noch 12 % v. St. erwirtschaften. Das Steuerungsproblem im Unterbereich Eigenkapitalanlage besteht darin, den kalkulatorischen Satz (hier 8 %) effektiv auch zu erreichen. Unterverzinsungen aus der Eigenkapitalanlage werden damit nicht durch überhöhte Anforderungen auf das Kundengeschäft überwälzt, sondern sind durch Verbesserung des Managements der Eigenkapitalanlage zu beseitigen.

Die entsprechend diesem Steuerungssystem ermittelten Informationen werden je nach Empfänger in unterschiedlichen Verdichtungsgraden in den Management-Informations-Systemen

> MIS I   Eigentümer
> MIS II   Vorstand
> MIS III Ressort-, Betriebsstellen- und Zentralbereichsleiter

als Steuerungshilfen aufbereitet.

Dabei können die Informationen zum Marketingergebnis in verschiedenen Dimensionen gezeigt werden, z. B.

- nach Kunden bzw. Kundengruppen
- nach Produkten bzw. Produktgruppen
- nach Organisationseinheiten.

Neben den Ist-Informationen werden auch die aus dem entsprechend konzipierten Planungssystem fließenden Plan-Informationen in das MIS aufgenommen.

Damit ergibt sich für jeden MIS-Empfänger ein klares Bild über

a) die Quellen der Ertragserzielung des Konzerns,
b) die Verantwortungsträger für die Ergebnisse,
c) die Plan-Ist-Situation in den einzelnen Steuerungseinheiten.

Darüber hinaus wird in den einzelnen Informationsbausteinen die Überleitung der MIS-Ergebnisbeiträge zur extern orientierten Gewinn- und Verlustrechnung dokumentiert. Nur so kann die Kompatibilität eines intern orientierten Systems mit dem extern orientierten Rechnungswesen sichergestellt werden.

Dieses System zerlegt das Bankkonzernergebnis in eindrucksvoller Weise in klar abgegrenzte Verantwortungsbereiche und liefert damit ein Optimum an zweckgerichteten Steuerungsinformationen.

Allerdings ist dieses System anspruchsvoll. Es ist komplex, verzahnt; es erfordert ein Höchstmaß an Verständnis für das System und eine hohe Kooperationsbereitschaft von Kundenbetreuern, Produktmanagern, Risikomanagern, Fristentransformationsmanagern und Händlern untereinander.

Damit ist es anfällig. In der ursprünglich von uns geplanten Form sogar zu anfällig, wie wir im laufenden Implementierungsprozeß erfahren haben. Die aufgetretenen Probleme habe ich Ihnen teilweise geschildert.

Als Konsequenz unseres Erfahrungsprozesses haben wir Anpassungen vorgenommen. Ähnliche Überarbeitungsprozesse sind – so mein Kenntnisstand – auch in anderen Häusern im

Gange. Daß Überarbeitungen noch nicht voll implementierter Systeme schwierig sind, brauche ich hier nicht zu betonen – es ist das Wechseln der Räder am fahrenden Zug. Was sind die wesentlichsten Anpassungen?

2. Philosophie- und Systemänderungen

Bei unserem Anpassungsprozeß sind wir nochmals in die Grundfrage eingestiegen, die da heißt „Stimmt der Zusammenhang von Führungsleitbild – Controllingphilosophie und Controllingsystem noch?"
Klare Erkenntnis: Nein.
Wir hatten den Manager in unserem *Leitbild* zu sehr idealisiert. Es war als „wollmilchgebendes Hühner-Schwein" definiert. Er sollte einerseits nach außen knallhart ergebnisorientiert versuchen, seinen Gewinn zu maximieren, während er für im Innenverhältnis abgegebene Leistungen mit Kostendeckung zufrieden sein sollte. Er sollte in der komplexen Matrixorganisation, die zwangsläufig mit unserem Steuerungssystem verbunden ist, immer cool und rational bei Konflikten das Beste für den Konzern im Auge haben.
Und das vor dem Hintergrund, daß seine Performance – und damit seine Tantieme – von der ihm vorgegebenen Zielerreichung abhängt.
Ein derartiges Führungsleitbild führt zu Zerreißproben. Es tendiert dazu, zuviel Kraft auf Konfliktlösungen im Inneren zu lenken, die besser der Marktbearbeitung zugute käme.
Wir haben dem Rechnung getragen, indem wir
- *Mehrfachverrechnungen von Erträgen* zulassen, die wir erst bei der Aggregation auf die nächsthöhere Verdichtungsebene eliminieren. Allerdings machen wir immer deutlich, wieviel bei einem Ergebnis aus Mehrfachverrechnungen resultiert;
- die *Bindung von Zielerreichung und Tantieme* gelockert haben. Einmal deswegen, weil – wie vorhin angedeutet – erhebliche Verästelungen des Themas gegeben sind, zum anderen, weil wir der Überzeugung sind, daß die Beurteilung einer Führungsleistung sich nicht nur in betriebswirtschaftlichen Zahlen niederschlägt;
- die *Führungskräfte noch stärker in die Erarbeitung von Leitbild, Philosophie und liniengerechtem Controllingsystem einschalten.*
Damit wird das gesamte Steuerungssystem zu „ihrem" System, was Motivation und Bereitschaft mit und in diesem System zu arbeiten, wesentlich verbessert. Gleichzeitig werden die eingangs erwähnten Kommunikationsprobleme zwischen Stab und Linie gemildert. Diese Anpassungen und Relativierungen haben dazu geführt, daß wir in diesem Problemkreis keinerlei Spannungen mehr haben. Die ehemalige Diskussion des „ob überhaupt" hat sich völlig auf die Diskussion des praktikablen „wie" verlagert, d. h. auf Anpassungen des Controllingsystems.
Als wesentlichste Veränderungen und Vereinfachungen des Ursprungssystems möchte ich hier nennen:
- Vereinfachung in den *Kalkulationsprinzipien.* Wir erlauben, daß z.B. der OZ für das kurzfristige variable Geschäft nicht nach der „reinen Lehre" ermittelt wird, sondern als bestandsgewichteter Durchschnittssatz unserer kurzfristigen Passiva. Ebenso gestatten wir die Vereinbarung eines Sondereinstandssatzes im langfristigen Geschäft zwischen Kundenbetreuer und Zentraldisposition, wenn diese – warum auch immer – Refinanzierungsmittel unter Markt zur Verfügung hat (z. B. aus Swapgeschäften). Dies ist zwar nicht die reine Lehre, hat aber erhebliche motivierende Wirkung und ist akzeptanzfördernd.
- Abwandlung der *Erfolgsmaßstäbe.* Hier geht es zum einen um die bereits früher erläuterte Einführung der Vorgabemarge, d. h. um die zeitweilige Aufgabe des Vollkostenprin-

zips zugunsten höher priorisierter Marktziele. Eine weitere Abwandlung, die wir in diesem Problemkreis realisieren wollen, besteht darin, daß wir z. B. im Marketingergebnis die Erfolgsverantwortung je nach Schwerpunktsetzung im Jahresbudget unterschiedlich gestalten wollen. Wir glauben, daß es mit einer einzigen Zielgröße, dem Vollkostenergebnis, auf Dauer nicht getan sein kann. Es steht der langfristig notwenigen Vollkostensteuerung nicht entgegen, wenn z. B. bei nicht ausgelastetem Grundsatz I im Jahresbudget neben der Vollkosteninformation auf andere Zielgrößen, etwa den Ergebnisbeitrag *vor* Eigenkapitalkosten, abgestellt wird. Der ergebnisverantwortliche Kundenbetreuer plant und realisiert dann sein Geschäft in optimaler Ressourcensteuerung, wobei er Vollkostenunterdeckungen bewußt in Kauf nimmt und dennoch nicht den Blick für den langfristig notwendigen Ergebnisbeitrag verliert.

Wichtig bei dieser Differenzierung der Zielgrößen ist die zentrale Koordination der längerfristigen Planung und der jährlichen Budgetierung, bei der die Inanspruchnahmen der Ressourcen (Eigenkapital, Risikovolumen und Betriebskapazität) zentral geprüft werden müssen. Die Inanspruchnahmen der Ressourcen Eigenkapital, Risikovolumen und Betriebskapazität werden damit zu gleichwichtigen Ergebniskomponenten in der Kunden- und Produktkalkulation wie der Vollkosten-Ergebnisbeitrag.

- In diesen Zusammenhang gehört auch eine Überlegung, die bei uns noch in der Diskussion ist. Es geht um die *Zurechnung von Fristentransformationsergebnissen.* Bisher werden bei der WestLB alle Inkongruenzen mit Laufzeiten über einem Jahr zentral vom Dispositionsausschuß gesteuert.

Gerade in letzter Zeit kommt immer wieder der Wunsch − insbesondere von den ausländischen Betriebsstellen − nach dezentraler Inkongruenzsteuerung, selbstverständlich im Rahmen von Limiten. Noch können wir uns dazu nicht durchdringen, auch wenn uns der Motivationsaspekt deutlich ist. Eine Lösung könnte evt. der Vorschlag sein, zwar eine dezentrale Inkongruenzensteuerung zuzulassen, diese aber quasi zentral nachzusteuern. So könnten z. B. aus Konzernsicht zu hohe Aktivvorgriffe durch zentral gesteuerte Passivvorgriffe ausgeglichen werden. Bei einem tagglichen Informationssystem wäre das Risiko überschaubar.

- Ähnliche Wünsche nach Dezentralität werden für die *Steuerung der liquiditätsmäßigen Anlage des Eigenkapitals* angemeldet. Z. Z. erfolgt die Anlage zentral. Im Hinblick auf die Zeit möchte ich diesen Punkt, der etwas diffizieller ist, hier nicht vertiefen, ich bin aber gerne bereit, darauf in der Diskussion einzugehen.

Eine weitere Vereinfachung, die wir mit Erfolg eingeführt haben, ist die *Änderung des Berichtsrhythmus* in unseren zentralen Informationssystemen.

Wir haben in intensiven Gesprächen zwischen dem Zentralbereich Controlling und den Linienabteilungen die einzelnen Steuerungskomponenten nach ihrer Sensitivität durchleuchtet. Ergebnis ist, daß nur relativ wenige Komponenten sich so kurzfristig verändern und auch kurzfristig gegengesteuert werden können, daß sich ein monatlicher Berichtsrhythmus, den wir bisher hatten, als zwingend erweist. Bei den meisten Komponenten reicht eine Quartalsberichterstattung aus.

Diese Änderung des Berichtsrhythmus für einen Großteil der Steuerungsinformationen geht einher mit einer verstärkten *Dezentralisierung der Datenbänke.* Wir nutzen zunehmend die Möglichkeiten der individuellen Datenverarbeitung über Personal Computer und anwerderfreundliche Großrechner-Software − auch für den Aufbau dezentraler Datenbanken − aus. Einzige Bedingung ist, daß klare Schnittstellen zum Zentralsystem definiert werden, so daß die Kompatibilität der dezentralen Systeme mit dem Zentralsystem gegeben ist. Durch diese Vorgehensweise haben wir sowohl den Belangen der Abteilungen Rechnung getragen, z. T. wesentlich detailliertere Daten zur Verfügung haben zu müssen, als für das zentrale Controlling von Bedeutung, als auch durch die Betonung der Eigenverantwortung für diese Datenbänke die Motivation gestärkt.

Die Aufzählung der Veränderungen des Controllingsystems möchte ich abschließen mit der *Änderung unserer Implementierungsphilosophie:*

Waren wir ursprünglich der Auffassung, alle Geschäftsbereiche aller Betriebsstellen über alle Ergebniskomponenten gleichzeitig in Ist- und Plandaten implementieren zu können, so sind wir nunmehr bescheidener und implementieren „step by step". Nach der Schaffung der wichtigsten Steuerungssysteme für das Transformationsergebnis, hinreichend transparenter Risikoübersicht und brauchbarer Handelsergebnisdetaillierung konzentrieren wir uns nunmehr auf den Ausbau unserer Steuerungssysteme für vollständige quartalsweise Informationen zum Marketingergebnis und Produktionsergebnis: Sprich quartalsweise Kundenkalkulation (verdichtet auf MIS III) und Kostenrechnung.

Aktuell fahren wir die Kundenkalkulation vollständig auf Jahresbasis. Die Kostenrechnung als Stellen- und Artenrechnung steht. Verbesserungen konzentrieren sich auf die Kostenträgerrechnung einschließlich Leistungsrechnung (= Postenstatistik) sowie auf die unterjährige Kundenkalkulation.

3. Fazit

Erlauben Sie mir ein Schlußfazit.

Wir haben das Controlling aus der Industrie in die Banken geholt und es dabei m. E. ein wenig überfordert. Ich denke dabei an die z. T. künstliche Schaffung einer industrieähnlichen Welt, in der Produktion und Vertrieb streng getrennt sind, ebenso wie die Schaffung klinisch reiner Systeme.

Wir haben uns von der logischen Eleganz der Systeme vielleicht ein wenig zu stark blenden lassen und dabei etwas vergessen — daß wir vom Markt und von unseren handelnden Mitarbeitern leben.

Ich sehe nunmehr in den Anpassungsprozessen, die ich z. T. für unser Haus beschrieben habe, die aber auch andere durchführen, eine Entwicklung, die beides wieder stärker berücksichtigt:

- Der *Mensch,* nicht wie er gedacht werden kann, sondern wie er ist, rückt wieder mehr in den Vordergrund. Systeme, deren Komplexität überfordert, die Motivation töten und Eigeninitiative ersticken, sind zum Scheitern verurteilt.
- Gleichzeitig rückt auch der *Markt* als Determinante für Struktur und Ausrichtung unserer Controllingsysteme wieder mehr ins Rampenlicht.

Beides Entwicklungen, die der Aussage „Controlling ist in" in meinen Augen Zukunft verheißen.

Effektivzins- und Margenkalkulation

PROF. DR. HENNER SCHIERENBECK

DR. BERND ROLFES

Seit kurzer Zeit läuft eine intensive Diskussion über alternative Konzepte zur Effektiv- und Opportunitätszinskalkulation im Rahmen der sogenannten Marktzinsmethode.[1] Dabei geht es letztlich darum, den *Konditionsbeitrag,* also den *Mehrertrag* eines Darlehens gegenüber einer alternativen Geld- und Kapitalmarktanlage, richtig zu bestimmen. Bislang blieb die Diskussion auf einige wenige Spezialisten begrenzt, deshalb wollen wir heute einen vergleichenden Überblick über die vorgeschlagenen Methoden zur Opportunitätszinsbestimmung geben.

Nach einer Übersicht über die grundsätzlichen Zuordnungstypen alternativer Geld- und Kapitalmarktgeschäfte zu den zu bewertenden Kredit- und Einlagengeschäften ist das Referat in zwei Hauptteile eingeteilt: Zum ersten soll das Wesen und der Aussagegehalt von Effektivzinssätzen dargestellt werden. Hierbei wird zum einen die einfache statische Rechnung, die bei den meisten Banken, wenn überhaupt, bislang im Rechnungswesen und der Kalkulation verwendet wird, beschrieben. Zum anderen wird die sog. dynamische Effektivzinsmethode (Interne Zinsfußmethode) auf der sowohl der von der Preisangabenverordnung vorgeschriebener Effektivzins wie auch sonstige Praxisvarianten basieren, dargestellt.[2]

Der zweite Hauptteil beschäftigt sich mit drei alternativen Verfahren der Opportunitätszinsbestimmung, wobei die kapital- und laufzeitmäßige *Vergleichbarkeit* zwischen Kreditgeschäft und Opportunität das zentrale Kriterium darstellt. Deshalb sprechen wir hier von den Konzepten der fristenstrukturkongruenten Opportunitätszinsbestimmung.

I. Die Zuordnung alternativer Geld- und Kapitalmarktgeschäfte

Das zentrale Problem der Berechnung entscheidungsorientierter Margen im Rahmen der Marktzinsmethode liegt in der Identifizierung bzw. Konstruktion „echter" Geld- und Kapitalmarktopportunitäten. Die verschiedenen Geschäfte und Bilanzpositionen lassen sich nun nach bestimmten Zuordnungstypen unterscheiden (vgl. Schaubild 1)[3]. Der Zuordnungstyp I, der die Festzinsposition mit konstanter Kapitalbasis über eine feste Laufzeit enthält, entspricht praktisch dem Standardmodell der Marktzinsmethode. Für darunter fallende endfäl-

1 Vgl. H. Schierenbeck / B. Rolfes: Effektivzinsrechnung und Marktzinsmethode, in: Die Bank 1987, S. 25 ff.; R. Flesch / F. Piaskowski / C. R. Sievi: Stellungnahme zu „H. Schierenbeck / B. Rolfes: Effektivzinsrechnung und Marktzinsmethode" in: Die Bank 1987, S. 190 ff.; H. Schierenbeck / B. Rolfes: Zur Diskussion um das opportunitätsgerechte Effektivzinskonzept, in: Die Bank 1987, S. 328 ff.

2 Vgl. H. Schierenbeck / B. Rolfes: Effektivzinsverfahren in der Bankenpraxis, in: Zeitschrift für betriebswirtschaftliche Forschung 9/1986, S. 770 ff.

3 Vgl. H. Schierenbeck / B. Rolfes: Entscheidungsorientierte Margenkalkulation, Frankfurt 1988

lige Darlehen ohne Disagio und mit jährlichen Zinszahlungen lassen sich z. B. in Form von festverzinslichen Wertpapieren mit der entsprechenden Laufzeit unmittelbare Alternativen am Geld- und Kapitalmarkt bestimmen. Auf diesen Zuordnungstyp muß deshalb nicht detaillierter eingegangen werden.

Für den Zuordnungstyp II dagegen, also für Festzinspositionen mit veränderlicher Kapitalbasis, existieren keine unmittelbaren Alternativen am Geld- und Kapitalmarkt. Mit anderen Worten: Am Geld- und Kapitalmarkt existieren im Prinzip nur endfällige Geschäfte, während große Teile des Bankgeschäfts sich eben durch Kapitalveränderungen während der Laufzeit auszeichnen. Geld- und Kapitalmarktopportunitäten lassen sich für den Zuordnungstyp II somit nur durch mehrere endfällige „Einzel-Opportunitäten" konstruieren, die die jeweiligen Tilgungsabschnitte von Kundenkrediten berücksichtigen. Dieser Zuordnungstyp II wird im Mittelpunkt unserer weiteren Ausführungen zum Effektivzins- und Opportunitätszinsproblem stehen.

Der Zuordnungstyp III, auf den wir später nicht mehr eingehen wollen, enthält die variabel verzinslichen und sonstigen Bilanzpositionen wie z. B. das Eigenkapital. Er läßt sich wiederum in drei Sondertypen einteilen. Dem Zuordnungstyp IIIa sind variabel verzinsliche Darlehen mit und ohne laufende Tilgung zugeordnet. Für diese wäre zu überprüfen, inwieweit sich die Zuordnung entsprechender Festzinspositionen möglicherweise unter Berücksichtigung

SCHAUBILD 1

Zuordnungstypen von Bilanzpositionen und Opportunitätsgeschäften

	KUNDENGESCHÄFTE				SONSTIGE BILANZPOSITIONEN
	Festzinspositionen		variabel verzinsliche Positionen		
	mit konstanter Kapitalbasis über eine feste Laufzeit	mit veränderlicher Kapitalbasis über eine feste Laufzeit	mit und ohne laufender (nomineller) Tilgung	unregelmäßige Verfügungen bzw. Kapitalbestände mit z. T. täglicher Fälligkeit	ohne Fälligkeit
Beispiele	• endfällige Darlehen ohne Disagio und mit jährlichen Zinszahlungen • Wechselkredite • Termineinlagen	• mittel- und langfristige Kredite mit laufenden Tilgungen • Disagiokredite • ab- und aufgezinste Sparbriefe	• variabel verzinsliche Darlehen	• Kontokorrentkredit • Sichteinlagen • Spareinlagen	• Eigenkapital • Barreserrve • Sachanlagen
Zuordnungstypen	Typ I	Typ II	Typ IIIa	Typ IIIb	Typ IIIc

32

der Zinsvariabilität übertragen läßt. Verschiedene Ansätze werden hier derzeit von uns untersucht. Die wohl größten Probleme wirft der Zuordnungstyp IIIb auf, zu dem als größter Block die Spareinlagen gehören. Für sie lassen sich ohne weiteres nicht einmal mehr aus Einzelopportunitäten Gesamtalternativen konstruieren, weil Geschäfte mit *unregelmäßigen und unbekannten* Verfügungen und damit Kapitalbeständen am Geld- und Kapitalmarkt einfach nicht mehr existieren. Hier wird i. d. R. mit mehr oder weniger vereinfachenden Annahmen operiert, wo dann auch häufig die Kritik an der Marktzinsmethode ansetzt. Der Zuordnungstyp IIIc, der sonstige Bilanzpositionen wie das Eigenkapital, die im Prinzip keine Fälligkeit aufweisen, enthält, läßt sich dagegen einfacher bewerten. Hier kann betriebswirtschaftlich vertretbar und sauber für das Eigenkapital und die Sachanlagen ohne weiteres der langfristige Kapitalmarktsatz und für die Barreserve, die auch am Markt keinen Zinssatz hat, der Zinssatz von Null als Opportunität gesetzt werden.

SCHAUBILD 2

Zuordnungsregeln bei Festzinsgeschäften des Typs I

Festzinsgeschäfte Typ I		Alternativgeschäft G-/K-Markt
Termineinlagen	30 Tage	1-Monats-Geld
"	90 Tage	3-Monats-Geld
"	6 Monate	6-Monats-Geld
"	12 Monate	1-Jahres-Geld
usw.		usw.
Nominalkredite mit jährlicher Zinszahlung und endfälliger Tilgung		
1 Jahr		1-Jahres-Geld
2 Jahre		2-Jahres-Geld
usw.		usw.
Wechselkreditankauf	3 Monate	3-Monats-Geld
"	6 Monate	6-Monats-Geld
usw.		usw.
Wechselrediskontierung		Diskontsatz

II. Das Effektivzinsproblem

Bei Opportunitätszinssätzen handelt es sich ebenso wie bei den Kreditzinssätzen um Effektivzinssätze, so daß das Problem der Opportunitätszinsbestimmung nicht losgelöst von der Effektivzinsrechnung erörtert werden kann. Deshalb sollen im folgenden die verschiedenen Effektivzinsmethoden, mit denen an den unterschiedlichen Stellen einer Bank gerechnet wird, am Beispiel dargestellt werden. Dabei konzentrieren sich die Ausführungen auf den i. d. R. im Rechungswesen und in der Kalkulation verwendeten statischen Effektivzins und den in der Kundenbetreuung verwendeten und dort gesetzlich vorgeschriebenen dynamischen (finanzmathematischen) Effektivzins nach Preisangabenverordnung (PAngV). Andere, z. B. im Wertpapiergeschäft auftretende Effektivzinssätze nach AIBD („Association of International Bond Dealers") und nach Moosmüller sollen im weiteren dann lediglich anhand ihrer grundsätzlichen Merkmale und Unterschiede dargestellt werden.

Ausgegangen wird von einem zweijährigen Tilgungsdarlehen mit einem nominellen Kreditbetrag in Höhe von 200000,--DM, einem Auszahlungskurs in Höhe von 90 %, einem festen Nominalzins in Höhe von 4 % und einer jeweils am Jahresende erfolgenden Zinsverrechnung und Zahlung (vgl. Schaubid 3). Aus diesen Konditionen ergibt sich für die Bank der folgende Zahlungsstrom: Im Zeitpunkt Null werden 180000,--DM an den Kunden ausgezahlt. Im Zeitpunkt 1 erhält die Bank neben der ersten nominellen Tilgungsrate in Höhe von 100000,--DM zusätzlich 8000,--DM an Zinsen (= 4 % × 200000,--DM), so daß sich die erste Rückzahlung auf insgesamt 108000,--DM beläuft. Im Zeitpunkt 2 erhält die Bank insgesamt 104000,--DM vom Kunden zurück, dies sind der nominelle Restkapitalbetrag Höhe von 100000,--DM plus den darauf anfallenden Zinsen in Höhe von 4000,--DM (= 4 % × 100000,--DM).

1. Der statische Effektivzins

Der statische Effektivzins richtet sich nun nach der nominellen Tilgungsvereinbarung eines Kredites. In unserem Beispiel beläuft sich die nominelle Tilgung auf
100000,--DM im ersten Jahr und
100000,--DM im zweiten Jahr.
Bei der statischen Berechnung wird diese Tilgungsform nun auf das ausgezahlte Kapital in Höhe von 180000,--DM übertragen. D. h., für die statische Effektivzinsberechnung wird unterstellt, daß
90000,--DM im ersten Jahr und
90000,--DM im zweiten Jahr

Zahlenbeispiel zur Effektivzinsrechnung

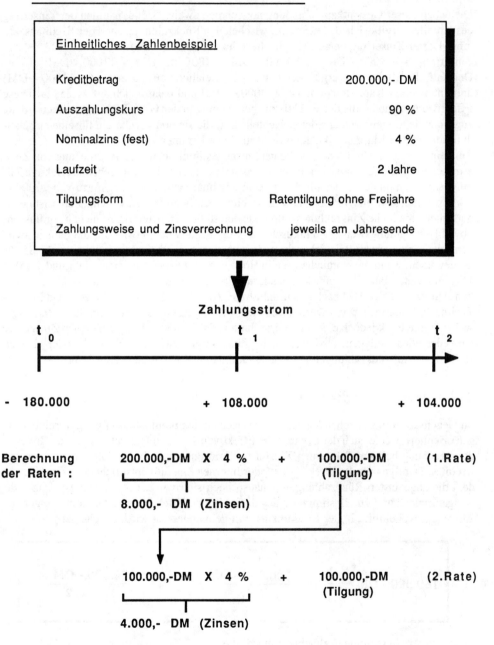

Einheitliches Zahlenbeispiel

Kreditbetrag	200.000,- DM
Auszahlungskurs	90 %
Nominalzins (fest)	4 %
Laufzeit	2 Jahre
Tilgungsform	Ratentilgung ohne Freijahre
Zahlungsweise und Zinsverrechnung	jeweils am Jahresende

Zahlungsstrom

t_0 t_1 t_2

- 180.000   + 108.000   + 104.000

Berechnung
der Raten :

200.000,-DM X 4 %   +   100.000,-DM   (1.Rate)
(Tilgung)

8.000,- DM (Zinsen)

100.000,-DM X 4 %   +   100.000,-DM   (2.Rate)
(Tilgung)

4.000,- DM (Zinsen)

effektiv getilgt werden. Daraus folgt, daß im ersten Jahr der Laufzeit eine Kapitalbindung in Höhe von 180000,--DM und in zweiten Jahr eine Kapitalbindung in Höhe von 90000,--DM, für die zwei Jahre Laufzeit insgesamt also eine Kapitalbindung in Höhe von 270000,--DM unterstellt wird.

Die neben dieser Gesamtkapitalbindung notwendige zweite Größe, nämlich der Zinsertrag des Kredites, ergibt sich als Differenz zwischen den Rückzahlungen und der Kreditauszahlung. Dieser Zinsertrag beläuft sich im Beispiel auf 32000,--DM:

Zinsertrag = 108000,--DM + 104000,--DM ÷ 180000,--DM = 32000,--DM.

Der statische Effektivzins ergibt sich nun aus der Relation von Zinsertrag (= 32000,--DM) und unterstellter Kapitalbindung (= 270000,--DM) und beläuft sich auf 11,852 %: Diese Effektivzinsmethode, die der Effektivzinsberechnung in der Groß-EDV der Banken i. d. R. zugrunde liegt, weist verschiedene Nachteile auf, die sie von vornherein für eine entscheidungsorientierte Margenkalkulation nicht in Frage kommen läßt.

Zum einen ist sie nicht mit der Zahlungsreihe abgestimmt, d. h., die Abgrenzung von Zinserträgen mit Hilfe des statischen Effektivzinses und die sich daraus ergebende effektive Tilgung stimmten nicht mit der für die Berechnung unterstellten Tilgungsform von 90000,--DM im ersten Jahr und 90000,--DM im zweiten Jahr überein. Gravierender aber ist noch, daß unterschiedliche Zinszahlungszeitpunkte den statischen Effektivzins nicht beeinflussen, obwohl die Zahlungsweise sich faktisch sehr wohl negativ oder positiv für die Bank auswirken kann. So würde im Beispiel auch dann ein statischer Effektivzins in Höhe von 11,852 % ausgewiesen, wenn die Nominalzinsen in Höhe von 8000,--DM im ersten Jahr und 4000,--DM im zweiten Jahr nicht jährlich, sondern halbjährlich, also 4000,--DM nach einem halben Jahr und 4000,--DM nach einem Jahr bzw. 2000,--DM nach 18 Monaten und 2000,--DM nach 2 Jahren, gezahlt würden. Betriebswirtschaftlich gesehen wäre diese Zahlungsweise für die Bank jedoch eindeutig vorteilhafter, da sie die vorzeitig erhaltenen Zinsgelder entweder wiederanlegen, also zusätzliche Zinserträge erwirtschaften kann, oder aber zu Refinanzierungsrückzahlungen verwenden und damit Zinskosten sparen kann.

2. Der dynamische Effektivzins (Interner Zinsfuß)

Im Gegensatz zum statischen Verfahren, das sich an den nominellen Tilgungsvereinbarungen orientiert, richtet sich der dynamische Effektivzins − er entspricht dem aus der Investitionsrechnung bekannten Internen Zinsfuß[4] − konsequent nach der Zahlungsstruktur des Kredites. Der dynamische Effektivzins (oder Interner Zinsfuß) entspricht dem Zinsfuß, bei dem die abgezinsten Rückzahlungen genauso hoch sind wie der Auszahlungsbetrag. Die Ausgangsgleichung zur Bestimmung des dynamischen Effektivzinses hat somit folgendes Aussehen, wobei mit „i" der Effektivzins, mit dem abgezinst wird, bezeichnet wird:

$$180.000\text{,- DM} \overset{!}{=} \frac{108.000\text{,- DM}}{1+i} + \frac{104.000\text{,- DM}}{(1+i)^2}$$

Nach dieser Bestimmungsgleichung wird die erste Kreditrückzahlung in Höhe von 108000,--DM über 1 Jahr abgezinst, während die zweiten 104000,--DM über 2 Jahre mit dem noch unbekannten Effektivzins diskontiert werden. Während der Effektivzins aus die-

4 Vgl. W. Kilger: Zur Kritik am Internen Zinsfuß, in: Zeitschrift für Betriebswirtschaft 12/1965, S. 765 ff.

ser Gleichung noch durch quadratische Auflösung direkt bestimmt werden könnte, ist bei den gewöhnlich umfangreicheren Zahlungsreihen der in der Praxis vergebenen Kredite und Darlehen ein Computer-Programm erforderlich. Wie man jedoch aus dieser Ausgangsgleichung ersieht, berücksichtigt der dynamische Effektivzins Zinseszinseffekte dadurch, daß die Zahlung im 1. Jahr wegen der nur einfachen Abzinsung stärker gewichtet wird, als die Zahlung im 2. Jahr, die doppelt abgezinst wird.

Für unser Beispiel ergibt sich der dynamische Effektivzins nun zu 11,71767 %. Dieser Prozentsatz gibt die Verzinsung des jeweils noch nicht amortisierten Restkapitals an, wobei sich das noch nicht amortisierte Restkapital nicht aus den bei der statischen Effektivzinsrechnung zugrundegelegten Tilgungsvereinbarungen, sondern aus der effektiven Zins- und Tilgungsrechnung des Kredites (vgl. Schaubild 4) ableitet.

Danach fallen im 1. Jahr beim Effektivzins von 11,71767 % und beim effektiven Kapitaleinsatz während des 1. Jahres in Höhe von 180 000,-- DM effektive Zinsen in Höhe von 21 091,81 DM an. Von der vom Kunden geleisteten Kreditrückzahlung in Höhe von 108 000,-- DM am Ende des 1. Jahres verbleiben nach Abzug dieser Zinsen somit nur noch 86 908,19 DM für die effektive Tilgung der ursprünglich eingesetzten 180 000,-- DM (vgl. dazu die Unterstellung bei der statischen Methode, daß effektiv 90 000,-- DM getilgt würden). Das effektive Restkapital beläuft sich nach dieser Abrechnung am Ende des 1. Jahres somit auch nicht auf 90 000,-- DM, sondern auf 93 091,81 DM. Dieses Restkapital wird im 2. Jahr wiederum mit 11,71767 % verzinst, so daß am Ende des 2. Jahres effektive Zinsen in Höhe von 10 908,19 DM anfallen. Zieht man diese Zinsen von der vom Kunden am Ende des 2. Jahres geleisteten Zahlung in Höhe von 104 000,-- DM ab, so verbleibt zur effektiven Tilgung genau ein Betrag in Höhe von 93 091,19 DM und damit genau ein Betrag in Höhe der noch ausstehenden Restschuld.

Der wesentliche Unterschied zur statischen Rechnung liegt somit bei diesem Verfahren darin, daß die effektive Zins- und Tilgungsrechnung voll mit der Zahlungsreihe abgestimmt ist (was bei der statischen Methode nicht der Fall ist) und Rentabilitätsvorteile aus vorzeitigen Zinszahlungen bzw. −nachteile aus verzögerten Zahlungen sich unmittelbar im dynamischen Effektivzins niederschlagen. Würde z. B. halbjährliche statt der hier unterstellten jährlichen Zinszahlung angenommen, so ergäbe sich wegen des Rentabilitätsvorteils für die Bank ein Effektivzins in Höhe von 11,84793 %. Letztlich äußert sich der Unterschied zwischen dynamischer und statischer Effektivzinsmethode jedoch in der unterschiedlichen Kapitalbindung: Während bei der statischen Methode insgesamt eine Kapitalbindung in Höhe von 270 000,-- DM unterstellt wird, liegt die tatsächliche effektive Kapitalbindung bei 273 091,81 DM (vgl. Schaubild 4). Dadurch, daß der Zinsertrag in Höhe von 32 000,-- DM tatsächlich nicht mit einem Kapitaleinsatz von 270 000,-- DM, sondern mit einem Kapitaleinsatz von 273 091,81 DM erwirtschaftet wird, beläuft sich der dynamische Effektivzins auf nur 11,71767 % (statt auf 11,852 %).

Die Effektivzinsrechnung selbst bestimmt auch die Disagioabgrenzung. Werden effektiv nach einem Jahr Zinsen in Höhe von 21 091,81 DM verrechnet (vgl. Schaubild 4) so sind in diesem Zinsertrag nur 8 000,-- DM an Nominalzinsen enthalten.[5] Der Restbetrag, also die Differenz zwischen dem effektiven Zinsertrag in Höhe von 21 091,81 DM und den Nominalzinsen in Höhe von 8 000,-- DM, die sich hier im 1. Jahr auf 13 091,81 DM beläuft, stellt das aufgrund der Effektivzinsrechnung abzugrenzende Disagio dar (vgl. Schaubild 5). Im 2. Jahr wird in unserem Beispiel der zum Gesamtdisagio in Höhe von 20 000,-- DM noch verbleibende Rest in Höhe von 6 908,19 DM abgegrenzt. Er ergibt sich letztlich als Differenz zwischen den im 2. Jahr verrechneten effektiven Zinsen in Höhe von 10 908,19 DM und den

---

5 Vgl. H. Schierenbeck / B. Rolfes: Entscheidungsorientierte Margenkalkulation, Frankfurt 1988

Der dynamische Effektivzins (Interner Zinsfuß)

- Gibt die Verzinsung des jeweils noch nicht amortisierten Restkapitals an !

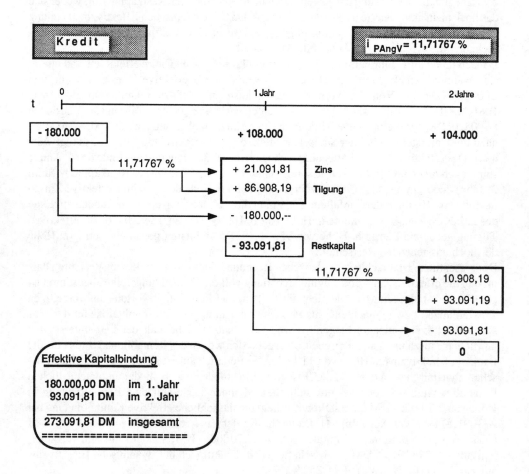

Kredit

i_{PAngV} = 11,71767 %

t	0	1 Jahr	2 Jahre
	- 180.000	+ 108.000	+ 104.000

11,71767 %
+ 21.091,81   Zins
+ 86.908,19   Tilgung
- 180.000,--

- 93.091,81   Restkapital

11,71767 %
+ 10.908,19
+ 93.091,19

- 93.091,81

0

Effektive Kapitalbindung

180.000,00 DM   im 1. Jahr
93.091,81 DM   im 2. Jahr

273.091,81 DM   insgesamt
==========================

Dynamischer Effektivzins (= Interne Rendite)

$$= \frac{32.000,-- \text{ DM}}{273.091,81 \text{ DM}} = \boxed{11,71767 \%}$$

Effektivzins nach PAngV

t	Kapital-einsatz	E Z (in %)	Zins-ertrag	d a v o n: nominal	Disagio	Rück-zahlung	Tilgung nach P A n g V	Rest-kapital
(0)	(1)	(2)	(3)	(3a)	(3b)=(3)-(3a)	(4)	(5)=(4)-(3)	(6)
1. Jahr	180.000	11,71767	21.091,81	8.000	13.091,81	108.000	86.908,19	93.091,81
2. Jahr	93.091,81	11,71767	10.908,19	4.000	6.908,19	104.000	93.091,81	0
Σ	273.091,81	11,71767	32.000,-	12.000	20.000	212.000	180.000	-

Nominalzinsen des 2. Jahres in Höhe von 4000,--DM. Daß aus der Effektivzinsrechnung im 2. Jahr genau das noch nicht abgegrenzte Restdisagio hervorgeht, ist im übrigen kein Zufall, sondern auf die bei der statischen Methode fehlende, hier beim dynamischen Verfahren jedoch gegebene Abstimmung der effektiven Zins- und Tilgungsrechnung mit der Zahlungsreihe zurückzuführen.

Beim hier gewählten Beispiel mit ausschließlich jährlichen Zahlungen führen alle in der Praxis gebräuchlichen Varianten der Internen Zinsfuß-Methode zum gleichen Ergebnis, nämlich zum Effektivzins in Höhe von 11,71767 %. Unterschiede zwischen den verschiedenen Varianten, also zwischen den Effektivzinssätzen nach „Braess/Fangmeyer", nach „PAngV", nach „US", nach Moosmüller und nach „AIBD", ergeben sich im Ergebniswert nur bei „gebrochenen" Laufzeiten (z. B. 18 Monate) und/oder bei unterjährigen Zahlungen (vgl. Schaubild 6). So wird die „gebrochene" Laufzeit − z. B. das halbe Jahr bei einem 18-Monatsgeschäft − bei der Effektivzinsmethode nach Braess/Fangmeyer an den Anfang der Gesamtlaufzeit, beim Effektivzins nach Preisangabenverordnung (PAngV) jedoch an das Ende der Gesamtlaufzeit gelegt. Bei allen anderen Verfahren ist die Frage der gebrochenen Laufzeit nicht relevant, da bei ihnen keine festen Zinsverrechnungsabschnitte von jeweils einem Jahr vorgegeben sind. Durch die jährliche und unabhängig von Zahlungseingängen vorzunehmende Zinsverrechnung zeichnen sich die „Braess/Fangmeyer" − und die „PAngV"-Methode von den anderen Verfahren ab. Beim sogenannten „US" − amerikanischen Effektivzinsverfahren so wie beim Effektivzins nach Moosmüller folgt eine kalkulatorische Zinsverrechnung bei jeder Zahlung, während bei der von der Association of International Bond Dealers vorgeschlagenen Methode die Zinsverrechnung täglich vorgenommen werden soll. Unterjährig arbeiten dann alle Effektivzinssätze außer Moosmüller mit einem während des Jahres einheitlichen Verfahren. So wird beim Effektivzins nach „AIBD" mit exponentiellen Zinsen, bei „Braess/Fangmeyer" und „PAngV" (wie auch bei „US") dagegen mit linearen Zinsen gerechnet.

Die einzelnen Unterschiede zwischen den Praxis-Varianten sind zwar für die Opportunitätszinsbestimmung von Bedeutung, um jedoch die dort vorgeschlagenen alternativen Verfahren auf einer einheitlichen Basis gegenüberstellen zu können, wird in der Folge von dem einfachen Beispiel mit jährlichen Zahlungen, bei dem alle Praxis-Varianten zum gleichen Ergebnis führen, weiterhin ausgegangen. Daß eine gesamt-integrierte Lösung schon allein im Bereich „Effektivzinssätze" notwendig ist, zeigt die Tatsache, daß bei den Banken im Wertpapierbereich (i. d. R. mit „Moosmüller" und/oder „AIBD"), in der Gesamtbankrechnung (i. d. R. mit dem statischen Effektivzins) und in der Kundenbetreuung (mit PAngV) mit völlig unterschiedlichen und daher unvergleichbaren Effektivzinssätzen gerechnet wird. So lassen sich z. B. eigene Sparangebote wegen dieser Effektivzinsunterschiede im Prinzip gar nicht richtig mit Wertpapieranlagen vergleichen, und auch für eine richtige Kalkulation ist die Umrechnung der z. B. in „AIBD" angegebenen Marktzinssätze in PAngV-Effektivzinsen notwendig, weil die Kundenbetreuer bei Krediten den Effektivzins nach PAngV rechnen müssen.

III. Alternative Konzepte der strukturkongruenten Opportunitätszinsbestimmung

Differenzierte Zuordnungsüberlegungen sind für Festzinsgeschäfte des Zuordnungstyps II, also solche mit veränderlicher Kapitalbasis während der Zinsbindungsdauer notwendig. Auf diesen Zuordnungstyp beschränken sich daher die weiteren Ausführungen. Es geht konkret um die Frage, was die Alternative von Kreditgeschäften am Geld- und Kapitalmarkt

Praxis-Varianten der Internen Zinsfuß-Methode

Unterscheidungs-kriterien \ Praxisvarianten	Interner Zinsfuß nach				
	Braess/ Fangmeyer	"PAngV"	"US"	Moosmüller	"AIBD"
(1) "Gebrochene" Laufzeiten	Am Anfang	Am Ende	Nicht relevant		
(2) Zinsverrechnung, Behandlung unterjähriger Zahlungen	Jährliche Zinsverrechnung, unabhängig von Zahlungseingängen		Zinsverrechnung bei jeder Zahlung		Zinsverr. täglich
(3) Unterjährige Verzinsung	Linear			Linear/ Exponentiell	Exponentiell

ist. Das Grundprinzip der Marktzinsmethode liegt in der vergleichenden Bewertung von Kundengeschäften mit *fristenkongruenten* Alternativanlagen bzw. Refinanzierungen.[6] Was aber bedeutet „Fristenkongruenz"?

Eine quasi „Total"kongruenz von Kunden- und alternativen Geld- und Kapitalmarktgeschäften streben die zahlungsstromorientierten Konzepte der Opportunitätszinsbestimmung an. Sie zielen auf einen vollständigen Zahlungsausgleich der Kreditzahlungen durch die Opportunitätszahlungen ab und bezwecken durch zahlenmäßige Gleicheit späterer Ein- und Auszahlungen die Ausschaltung von Wiederanlageproblemen und -prämissen (vgl. Schaubild 7). Die beiden Verfahren zur zahlungsstromorientierten Opportunitätszinsbestimmung unterscheiden sich voneinander dadurch, daß der bei Zahlungskongruenz anfallende Opportunitätsbarwert bei dem von *McKinsey* vorgeschlagenen und von *Hans-Peter Kosmider*[7]

SCHAUBILD 7

Die Konzepte strukturkongruenter Opportunitätszinsbestimmung

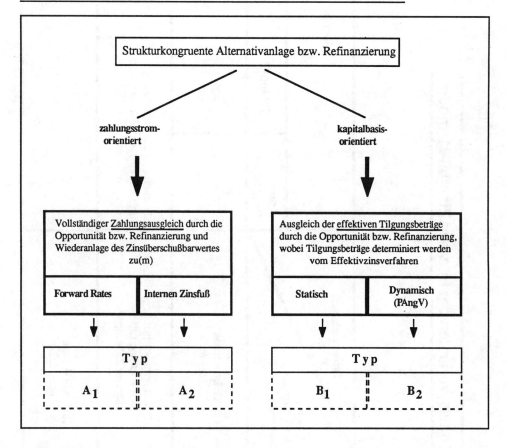

6 Vgl. ebenda.
7 Vgl. H. P. Kosmider: Der dispositionsbezogene Effektivzins (DEZ) − Eine Effektivzinsmethode ohne Wiederanlageprämissen, in: Operations Research Proceedings 1985, Hrsg. L. Streitferdt u. a., Berlin-Heidelberg 1986, S. 205 ff.

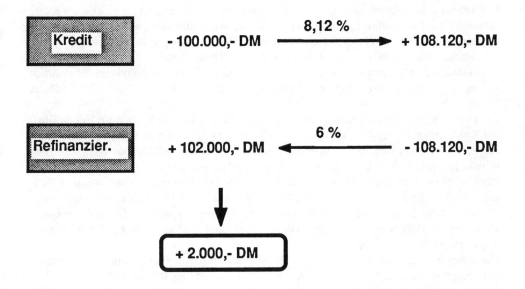

erstmals ausführlich dargestellten Typ A 1 zu Forward Rates kalkulatorisch wieder angelegt wird. Bei dem von *Flesch/Piaskowski/Sievi*[8] vorgeschlagenen Typ A 2 dagegen wird der Opportunitätsbarwert mit dem Internen Zinsfuß der so gebildeten, zahlungskongruenten Opportunität wieder aufgezinst.

Im Gegensatz zu den Verfahren vom Typ A entsteht ein Zinsüberschußbarwert, also ein über dem Kreditauszahlungsbetrag liegender Opportunitätsbarwert, bei den kapitalbasisorientierten Verfahren der Opportunitätszinsbestimmung nicht. Denn bei diesen bezieht sich die *Kongruenz* nicht auf die Kreditzahlungen, die auch Zinsüberschüsse enthalten, sondern lediglich auf den effektiven Kapitaleinsatz. Die Aufzinsungsfrage stellt sich bei diesen Opportunitätskonzepten somit nicht, da im Zeitpunkt Null kein Einnahmenüberschuß anfällt und eine Alternativanlage bzw. Refinanzierung genau in der Höhe des auszuzahlenden Kundenkreditbetrages getätigt würde. Der (statische) Opportunitätszins vom Typ B 1 unterstellt entsprechend der Effektivzinsmethode eine abschnittsweise Alternativanlage bzw. Refinanzierung in Höhe der jeweiligen, aus den nominellen Tilgungsmodalitäten abgeleiteten Tilgungsbeträge (vgl. die vorangegangenen Ausführungen). Beim Verfahren der Opportunitätszinsbestimmung vom Typ B 2 dagegen ergeben sich die effektiven Tilgungsbeträge aus der effektiven Zins- und Tilgungsrechnung.

Im folgenden sollen nun die Ansätze vom Typ A 1, A 2 und B 2 ausführlich dar- und gegenübergestellt werden.[9] Der statische Ansatz wird wegen seiner schon in der Effektivzinsmethode liegenden Mängel nicht weiter erläutert.

8 Vgl. H. R. Flesch/F. Piaskowski/C. R. Sievi: Erfolgsquellensteuerung durch Effektivzinsen im Konzept der Wertsteuerung, in: Die Bank 1984, S. 357 ff.
9 Vgl. H. Schierenbeck: Ertragsorientiertes Bankmanagement, 2. vollst. überarb. u. erweit. Aufl., Wiesbaden 1987; H. Schierenbeck/B. Rolfes: Entscheidungsorientierte Margenkalkulation, Frankfurt 1988

1. Der Zinsüberschuß-Barwert bei zahlungsstrukturkongruenter Refinanzierung

Die zahlungsstrukturkongruente Refinanzierung ist dadurch gekennzeichnet, daß spätere Refinanzierungsrückzahlungen (= Auszahlungen) die vom Kreditkunden geleisteten Rückzahlungen (= Einzahlungen) genau kompensieren. Wenn nun aber, was zu hoffen ist, die Refinanzierung billiger ist als der Kredit und ihr Zinssatz entsprechend niedriger als der Kreditzins, dann muß der im Zeitpunkt Null aufzunehmende Refinanzierungsbetrag zwangsläufig höher sein als der Kreditauszahlungsbetrag. Denn nur dann kann die Refinanzierung angesichts ihrer niedrigeren Verzinsung zur gleichen Rückzahlung führen wie der Kredit.

Ein einfaches Beispiel verdeutlicht diesen Zusammenhang (vgl. Schaubild 8): Ein einjähriger Kredit mit einer Auszahlung von 100 000,--DM führt bei einem Effektivzins in Höhe von 8,12 % zu einer Kreditrückzahlung am Ende des 1. Jahres in Höhe von 108 120,--DM. Eine Refinanzierungsrückzahlung in der gleichen Höhe, jedoch mit negativem Vorzeichen, wäre bei einem Refinanzierungszins in Höhe von 6 % nur dann realisierbar, wenn im Zeitpunkt Null ein Betrag in Höhe von 102 000,--DM (zu eben diesen 6 %) aufgenommen wird. Per Saldo führt der vollständige Zahlungsausgleich in einem späterem Zeitpunkt zu einem Überschuß in Höhe von 2 000,--DM. Dieser Überschuß wird auch als Zinskonditionsbeitragsbarwert *(Kosmider)* bezeichnet.

Für unser ursprüngliches, zweijähriges Beispiel mit ausschließlich jährlichen Zahlungen konstruiert sich die zahlungsstromorientierte Opportunität nun analog, wobei

1) von einem Einjahresgeldzins in Höhe von 5 % und einem Zweijahresgeldzins in Höhe von 6 % und

2) von jährlichen Zinskoupons bei den alternativen Geld- und Kapitalmarktanlagen ausgegangen wird (vgl. Schaubild 9).

Die Konstruktion der Opportunität beginnt immer mit der letzten Kreditzahlung, im Beispiel also mit der Kreditrückzahlung in Höhe von 104 000,--DM. Diese 104 000,--DM — sie entsprechen dem Endbetrag einer Zweijahresgeldrefinanzierung — werden mit dem Zweijahresgeldzins in Höhe von 6 % abgezinst und führen zu einer ersten Refinanzierungstranche in Höhe von 98 113,21 DM. Die auf diesen zweijährigen Refinanzierungsbetrag nach einem Jahr entfallenden Zinsen in Höhe von 5 886,79 DM sind bei der Ermittlung der einjährigen Refinanzierungstranche zu berücksichtigen. Denn sie tragen zum Teil schon zum vollständigen Ausgleich der Kreditzahlung in Höhe von 108 000,--DM bei. Die einjährige Refinanzierung muß nämlich nur noch den Rest in Höhe von 102 113,21 DM abdecken.

Zinst man letzteren Betrag mit dem einjährigen Marktzins in Höhe von 5 % ab, so ergibt sich eine einjährige Refinanzierungstranche in Höhe von 97 250,67 DM. Insgesamt müßte die Bank also einen Betrag in Höhe von 195 363,88 DM (= 98 113,21 DM + 97 250,67 DM) aufnehmen, um in den beiden späteren Zeitpunkten einen exakten Zahlungsausgleich zwischen Kredit- und Refinanzierungsrückzahlungen zu erhalten. Der Refinanzierungsbetrag ist damit um 15 363,88 DM höher als der auszuzahlende Kreditbetrag. Dies ist in unserem Beispiel der sogenannte Zinskonditionsbeitragsbarwert. Er gibt also, da in den vollständig kompensierten Kreditrückzahlungen auch Zinsüberschüsse enthalten sind, den Barwert der in den einzelnen Jahren anfallenden Zinsüberschüsse an. In der Umrechnung dieses Barwertes in jährliche Konditionsbeiträge liegen nun auch die Unterschiede zwischen dem sogenannten „Dispositionsbezogenen" Effektivzinskonzept (Opportunitätszinsbestimmung vom Typ A 1) und der Opportunitätszinsrechnung vom Typ A 2 begründet.

Die Konstruktion einer zahlungsstromorientierten Opportunität

2. Der „Dispositionsbezogene" Effektivzins (Opportunitätszinsbestimmung vom Typ A 1)

Das von *McKinsey* und *Hans-Peter Kosmider* vorgeschlagene „Dispositionsbezogene" Effektivzinskonzept löst sich vollkommen von den traditionellen Ansätzen der Effektivzinsrechnung. Wird bei den klassischen Verfahren der Effektivzins noch ohne Kenntnis der Konditionsmarge und des Opportunitätszinses allein nach Maßgabe der Zahlungsreihe berechnet, so ergibt sich der „Dispositionsbezogene" Effektivzins erst aus der Summe von Konditionsmarge und Opportunitätszins. Dabei wird zunächst die effektive jährliche Marge berechnet. Hierbei werden durch Aufzinsung des Zinskonditionsbeitragsbarwertes mit sogenannten „Forward-Rates" und nach Maßgabe einer sich an der nominellen Tilgung orientierenden Proportionalitätsbedingung die *jährlichen* Konditionsbeiträge ermittelt. Diese jährlichen Konditionsbeiträge werden nun auf der Grundlage des Nominalkapitals in die Konditionsmargen (= effektive jährliche Marge) umgerechnet.

Forward-Rates stellen Renditen von in der Zukunft beginnenden, jedoch von der aktuellen Zinsstruktur determinierten Geschäften („Forward-Geschäfte") dar. Mit solchen Forward-Geschäften lassen sich zukünftig entstehende Zahlungsüberschüsse bzw. -defizite, wie sie z.B. durch Inkongruenzen zwischen Refinanzierung und Wiederanlage auftreten können, kompensieren. Der dazu erforderliche Zinssatz der in der Zukunft beginnenden Geschäfte, die Forward-Rate, wird mit Hilfe unterschiedlich befristeter Geldanlage- und Geldaufnahmegeschäfte auf der Basis der im aktuellen Zeitpunkt gültigen Zinsstruktur am Geld- und Kapitalmarkt konstruiert.

Die Konstruktion eines Forward-Geschäftes mit der entsprechenden Forward-Rate sei im folgenden beschrieben (vgl. Schaubild 10): Unabhängig vom obigen Beispielskredit sei angenommen, daß zu dem zweijährigen Marktzins in Höhe von 6 % für 2 Jahre ein Betrag in Höhe von 202,02 DM aufgenommen werden könnte, und dieses Geld für 1 Jahr zu dem einjährigen Marktzins in Höhe von 5 % wieder angelegt werden könnte. Solche Geschäfte – sie stellen nichts anderes als eine bewußt eingegangene *negative* Fristentransformation dar – sind durchaus denkbar. Im Beispiel könnte die Spekulation auf steigende Zinsen und damit verbesserte Anlagemöglichkeiten im zweiten Jahr dahinter stehen.

Ohne auf mögliche Spekulationsabsichten weiter einzugehen, seien im folgenden nur die Zahlungssalden aus diesen beiden originären Geschäften, dem zweijährigen Geldaufnahmegeschäft und dem einjährigen Wiederanlagegeschäft, betrachtet. Am Ende des ersten Jahres entsteht ein positiver Zahlungssaldo in Höhe von 200,-- DM, da die einjährige Geldanlage vollends zurückgezahlt wird, während für die Refinanzierung lediglich ein Betrag in Höhe von 12,12 DM an Zinsen zu zahlen ist. Dem steht allerdings am Ende des zweiten Jahres ein negativer Zahlungssaldo in Höhe von 214,14 DM aus dem Refinanzierungsgeschäft gegenüber. Würde man nun auch für die Zeitpunkte 1 und 2 einen vollständigen Zahlungsausgleich anstreben, so müßte, beginnend im Zeitpunkt 1, ein Anlagegeschäft (Forward-Geschäft) mit einem Anlagebetrag in Höhe von 200,-- DM getätigt werden, das genau zu einer Rückzahlung in Höhe von 214,14 DM im Zeitpunkt 2 führen müßte, um dort den negativen Zahlungssaldo zu kompensieren. Letztlich würde dies also bedeuten, daß das zukünftige Geschäft mindestens eine Verzinsung in Höhe von 7,0707 % aufweisen müßte, um zahlungs- und ergebnisneutral zu bleiben. Unter Berücksichtigung dieses Forward-Geschäfts wären dann nämlich in allen Zeitpunkten die Zahlungssalden gleich Null (vgl. Schaubild 10).

Die Konstruktion eines Forward-Geschäftes

Zeitpunkt	0	1	2
1. originäres Geschäft (Geldanlage) 5 %	- 202,02	+ 212,12	
2. originäres Geschäft (Geldaufnahme) 6 %	+ 202,02	- 12,12	- 214,14
Zahlungssalden	0	+ 200	- 214,14
Derivatives Geschäft (Forward-Geschäft)		- 200	+ 214,14
		Forward-Rate = 7,0707 %	
Zahlungssalden	0	0	0

$$\text{Forward-Rate}_{12} = \frac{1 + i_{02}}{1 + i_{01} - i_{02}} - 1$$

Mit solchermaßen ermittelten Forward-Rates werden nun die jährlichen Konditionsbeiträge bestimmt. Im Beispiel, bei dem der jährliche Konditionsbeitrag für zwei Jahre bestimmt werden muß, werden zwei Gleichungen aufgestellt (vgl. Schaubild 11): Die erste Gleichung besagt, daß die mit den Forward-Rates abgezinsten Konditionsbeiträge des ersten und des zweiten Jahres genau zum Zinskonditionsbeitragsbarwert in Höhe von 15 363,88 DM führen müssen. Die Forward-Rate des ersten Jahres entspricht im übrigen dem im Zeitpunkt Null bekannten Einjahreszins in Höhe von 5 %. Die zweite Gleichung enthält das Tilgungs- oder Kapitalkriterium, d. h. die Relation, in der der Gesamt-Konditionsbeitrag dem ersten und dem zweiten Jahr zuzurechnen ist. Es orientiert sich am Nominalkapital und besagt hier, daß der Konditionsbeitrag des zweiten Jahres genau die Hälfte des Konditionsbeitrages des ersten Jahres ausmachen soll, da im zweiten Jahr nurmehr 50 % des ursprünglichen Nominalkapitals gebunden sind.

Diese zwei Gleichungen mit zwei Unbekannten führen nach Auflösung zu dem Ergebnis, daß dem ersten Jahr ein Konditionsbeitrag in Höhe von 10 996,78 DM und dem zweiten Jahr ein Konditionsbeitrag in Höhe von 5 498,39 DM zuzurechnen ist. Insgesamt wird ein (aufgezinster) Konditionsbeitrag in Höhe von 16 495,18 DM verteilt. Diese jährlichen Konditionsbeiträge werden nun auf das in jedem Jahr gebundene Nominalkapital in Höhe von 200 000,- - DM bzw. 100 000,- - DM bezogen und führen zu der effektiven jährlichen Marge in Höhe von 5,498 %.

47

Mit Forward—Rates zu den jährlichen Konditionsbeiträgen

(1) $\quad 15.363,88 = \dfrac{KB_1}{1,05} + \dfrac{KB_2}{1,05 \cdot 1,070707}$

(2) Nominaltilgungskriterium :

$$KB_2 = \dfrac{100.000}{200.000} \cdot KB_1$$

Ergebnis :

$KB_1 = 10.996,78$

$KB_2 = 5.498,39$

$\Sigma = 16.495,18$

Die Marge auf der Basis des Nominalkapitals

Effektive (jährliche) Marge $= \dfrac{10.996,78}{200.000} = \dfrac{5.498,39}{100.000} = 5,498\ \%$

Zur Bestimmung des „Dispositionsbezogenen" Effektivzinses fehlt noch der durchschnittliche Opportunitätszins, der zusammen mit der effektiven jährlichen Marge den „Dispositionsbezogenen" Effektivzins ergibt. Bei der Berechnung des durchschnittlichen Opportunitätszinses nach der „DEZ-Methode" (vgl. Schaubild 12) wird die Alternativanlage entsprechend der nominellen Tilgungsvereinbarung in eine einjährige Tranche von 100000,-- DM zu 5 % und eine zweijährige Tranche in Höhe von 100000,-- DM zu 6 % aufgeteilt. Hier liegt die DEZ-Methode praktisch beim statischen Ansatz. Aus dieser Zusammensetzung der beiden Alternativanlagen ergibt sich im ersten Jahr ein alternativer Zinsertrag in Höhe von 11000,-- DM und im zweiten Jahr von 6000,-- DM.

Diese beiden Beträge werden nun wiederum mit den Forward-Rates abgezinst und durch Aufsummierung in den Barwert des alternativen Zinsertrags von im Beispiel 15813,12 DM überführt. Dieser Barwert der Opportunität wird nun in formal gleicher Weise wie bei der Berechnung der effektiven jährlichen Marge, also wiederum mit den Forward-Rates und der Proportionalitätsbedingung, in jährliche Opportunitätszinserträge (OZE) umgerechnet. Bezogen auf das jeweilige Nominalkapital ergibt sich für unser Beispiel ein jährlicher

48

Opportunitätszins in Höhe von 5,659 %, der zusammen mit der effektiven jährlichen Marge in Höhe von 5,498 % zu einem „Dispositionsbezogenen" Effektivzins in Höhe von 11,157 % führt.

SCHAUBILD 12

Die Berechnung des ø Opportunitätszinses bei der DEZ-Methode

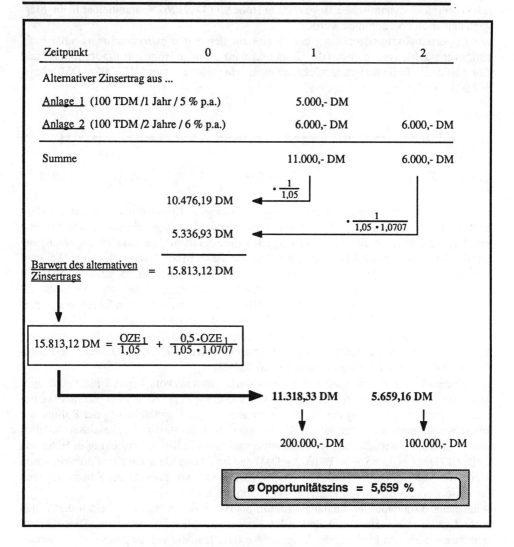

Zeitpunkt	0	1	2

Alternativer Zinsertrag aus ...

Anlage 1 (100 TDM /1 Jahr / 5 % p.a.)   5.000,- DM

Anlage 2 (100 TDM /2 Jahre / 6 % p.a.)   6.000,- DM   6.000,- DM

Summe   11.000,- DM   6.000,- DM

$\cdot \dfrac{1}{1,05}$

10.476,19 DM

$\cdot \dfrac{1}{1,05 \cdot 1,0707}$

5.336,93 DM

Barwert des alternativen Zinsertrags = 15.813,12 DM

$$15.813,12 \text{ DM} = \frac{OZE_1}{1,05} + \frac{0,5 \cdot OZE_1}{1,05 \cdot 1,0707}$$

11.318,33 DM   5.659,16 DM

200.000,- DM   100.000,- DM

ø Opportunitätszins = 5,659 %

"Dispositionsbezogener" Effektivzins = 5,659 % + 5,498 % = 11,157 % [*]

[*] bezogen auf Nominalkapital abzüglich Disagio : $\dfrac{11,157\ \%}{0,9}$ = 12,40 %

3. Der Opportunitätszins als Interner Zinsfuß der zahlungsstrukturkongruenten Refinanzierung (Opportunitätszins vom Typ A 2)

Im Gegensatz zum Typ A 1 wird bei der Opportunitätszinsbestimmung vom Typ A 2 die Konditionsmarge als Differenz zwischen Effektivzins und Opportunitätszins ermittelt. Die Variable ist hier also nicht der Effektivzins, sondern die Konditionsmarge. Die Effektivzinsrechnung basiert auf der Internen Zinsfuß-Methode, und zwar sowohl für das Kreditgeschäft als auch für das Opportunitätsgeschäft. Für unser zweijähriges Beispiel kann also der schon ermittelte dynamische Effektivzins in Höhe von 11,71767 % unmittelbar in die Margenkalkulation übernommen werden.

Die Opportunitätszinsberechnung beruht nun auf den *zahlungsstrukturkongruenten* Refinanzierungszahlungen, d. h. auf der Gesamtrefinanzierung in Höhe von 195363,88 DM und den beiden Refinanzierungsrückzahlungen in Höhe von 108000,-- DM bzw. 104000,-- DM:

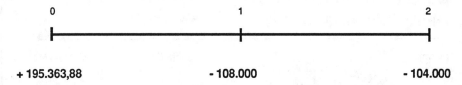

Der sich für diese Zahlungsreihe ergebende dynamische Effektivzins (Interner Zinsfuß) beläuft sich auf 5,66258 % und führt zu der im Schaubild 13 angegebenen effektiven Zins- und Tilgungsrechnung. Sie macht im Vergleich zur effektiven Zins- und Tilgungsrechnung des Kredites (vgl. Schaubild 4) jedoch das Problem dieses Modells schon deutlich: Während sich der Effektivzins des Kredites in Höhe von 11,71767 % auf ein effektives Kapital von insgesamt 273091,81 DM bezieht, basiert der Effektivzins in Höhe von 5,66258 % auf einem Gesamtkapital in Höhe von 293790,40 DM. Auch in den einzelnen Jahren unterscheidet sich die effektive Kapitalbindung zwischen Kredit und Refinanzierung: Während im ersten Jahr beim Kredit 180000,-- DM gebunden sind, sind dies bei der Refinanzierung 195363,88 DM, und während im zweiten Jahr bei dem Kredit 93091,81 DM eingesetzt werden, sind dies bei der Refinanzierung 98426,52 DM.

Im Prinzip ist die Margenkalkulation beim Opportunitätszins vom Typ A 2 nicht eindeutig. Denn worauf soll sich die Marge in Höhe von 6,055 % (= 11,717676 % - 5,66258 %) beziehen, auf die Kapitalbindung des Kredites oder aber auf die Kapitalbindung der Refinanzierung? Bezieht man die Marge auf das Kreditkapital, weil der dortige Kapitaleinsatz letztlich den Überschuß erwirtschaftet, so würde im ersten Jahr ein Konditionsbeitrag in Höhe von 10899,17 DM (= 6,055 % × 180000,-- DM) und im zweiten Jahr ein Konditionsbeitrag in Höhe von 5636,79 DM (= 6,055 % × 93091,81 DM) verrechnet. In der Summe ergeben sich also Konditionsbeiträge in Höhe von 16535,96 DM.

Allgemeine Probleme der Zahlungsstrukturkongruenz liegen nun zum ersten darin, daß *mehr Kapital* refinanziert wird als für den Kredit tatsächlich benötigt wird. Dies führt zu dem grundsätzlichen Problem der Vergleichbarkeit, denn die auf der Basis eines bestimmten Kapitaleinsatzes erzielten Krediterträge werden mit Opportunitätserträgen auf der Basis höherer Kapitalbindungen verglichen. Zum zweiten werden, wenn auch nur kalkulatorisch, die Zinsüberschüsse *zukünftiger Jahre* (z. B. der Zinsüberschüsse in 30 Jahren) schon heute „realisiert" obwohl die Dienstleistung (Kapitalbereitstellung) erst sehr viel später erbracht wird. Schließlich ist drittens eine Aufzinsung des Zinsüberschuß-Barwertes auf jeden Fall *erforderlich,* weil ansonsten die Marktbereiche mit Zinskosten auch für das Kapital, das sie

Die (dynamische) Zins- und Tilgungsrechnung der zahlungsstrukturkongruenten Opportunität/Refinanzierung

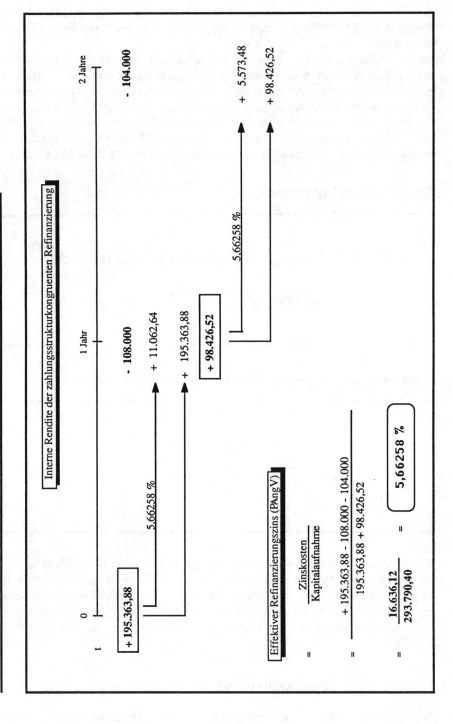

gar nicht benötigen, belastet werden. Mit anderen Worten: Die Zinskosten für die Refinanzierung des Zinskonditionsbeitragsbarwertes dürfen den Marktbereichen nicht voll angelastet werden.

Bei der Aufzinsung des Zinsüberschuß-Barwertes taucht beim Modell A 1 nun das Problem auf, daß über die Proportionalitätsbedingung und über die Art der Opportunitätszinsberechnung letztlich Transformationsgewinne, also Strukturbeiträge, in den Konditionsbeitrag eingerechnet werden. Dies wird deutlich, wenn man den Zinsertrag *laut Zahlungsreihe* und den beim „Dispositionsbezogenen" Effektivzins *kalkulierten Zinsertrag* gegenüberstellt. Während der Zinsertrag laut Zahlungsreihe 32 000,-- DM beträgt, würde mit dem „Dispositionsbezogenen" Effektivzins ein Zinsertrag in Höhe von 33 471,-- DM kalkuliert:

Zinsertrag laut Zahlungsreihe:

$$\text{Zinsertrag} = 108.000,\text{- DM} + 104.000,\text{- DM} - 180.000,\text{- DM}$$

$$= \underline{32.000,\text{- DM}}$$

Zinsertrag bei dem "Dispositionsbezogenen" Effektivzins:

$$\begin{array}{r} 11{,}157\,\% \cdot 200.000,\text{- DM} \\ + \ \underline{11{,}157\,\% \cdot 100.000,\text{- DM}} \end{array}$$

$$= 33.471,\text{- DM}$$

Bei der Opportunitätszinsbestimmung vom Typ A 2 besteht das Problem darin, daß die *effektive Kapitalaufnahme* auch bei Aufzinsung des Zinsüberschußbarwertes mit dem Opportunitätszins in Höhe von 5,66258 % nicht dem effektiven Kapitaleinsatz des Kredites entspricht. Die Ursache hierfür liegt letztlich in der durch die Zahlungsstrukturkongruenz bedingten Abweichung der Kapitalstruktur der Opportunität von der Kapitalstruktur des Kredites.

IV. Der kapitalbasisorientierte Opportunitätszins vom Typ B 2

Dem an der Kapitalbasis sich orientierenden statischen Ansatz folgend, jedoch um finanzmathematische Genauigkeit erweitert, zielt die Opportunitätszinsbestimmung vom Typ B 2 darauf ab, eine Gesamt-Opportunität zu bestimmen, deren Effektivkapital (-struktur) mit dem bzw. der des Kredites identisch ist. Dahinter steht der Grundgedanke, daß man die

Erträge zweier Anlagemöglichkeiten (beim Kredit einerseits und am Geld- und Kapital-markt andererseits) nur dann richtig vergleichen kann, wenn bei beiden der *gleiche Kapital-einsatz* unterstellt wird.

In unserem Beispiel bedeutet dies, daß die Opportunität im Zeitpunkt Null exakt einen Kapi-taleinsatz in Höhe von 180000,--DM und im Zeitpunkt 1 einen Kapitaleinsatz in Höhe von 93091,81 DM sowie am Ende der Laufzeit ein Restkapital von Null aufweisen muß. Letzt-lich muß also mit zwei Geschäften, einer Einjahresgeldtranche und einer Zweijahresgeld-tranche eine Opportunitätsanlage in der Weise konstruiert werden, daß drei Bedingungen erfüllt sind:

(1) Die beiden Refinanzierungs- (Opportunitäts-)geschäfte, die im Zeitpunkt Null abge-schlossen werden, müssen insgesamt genau den Auszahlungsbetrag der Kredites erge-ben, wobei X_1 das Volumen des Einjahresgeldes und X_2 das Volumen des Zweijahres-geldes darstellen:

$$X_1 + X_2 = 180.000,- DM$$

(2) Der Rückzahlungsbetrag des Einjahresgeldes plus den Zinsen für das Zweijahresgeld (vgl. die Annahme des jährlichen Zinskoupons bei Zahlungsstrukturkongruenz) muß nach Abzug des aufgezinsten Kreditbetrages genau zu einem Restkapital in Höhe von 93091,81 DM führen:

$$X_1 \cdot 1{,}05 + X_2 \cdot 0{,}06 - 180.000 \cdot (1 + i_{opp}) = -93.091{,}81$$

(3) Schließlich muß der Rückzahlungsbetrag des Zweijahresgeldes nach Abzug des aufge-zinsten, noch verbliebenen Restkapitals von 93091,81 DM am Ende des zweiten Jahres exakt Null ergeben:

$$X_2 \cdot 1{,}06 - 93.091{,}81 \cdot (1 + i_{opp}) = 0$$

Die Auflösung dieses Gleichungssystems mit drei Gleichungen und drei Unbekannten führt nun zu folgendem Ergebnis (vgl. Schaubild 14): Die einjährige Refinanzierungstranche X_1 zum Marktzins in Höhe von 5 % hat ein Volumen in Höhe von 87194,11 DM, während die zweijährige Refinanzierungstranche zu 6 % ein Volumen von 92805,89 DM aufweist. Die aus diesen beiden Einzel-Opportunitäten konstruierte Gesamt-Opportunität hat dann folgen-de Zahlungsreihe: Es werden im Zeitpunkt Null als Summe der beiden Einzel-Refinanzierungen exakt 180000,--DM aufgenommen und nach einem Jahr 97122,17 DM und nach zwei Jahren 98374,24 DM zurückgezahlt. Der dynamische Effektivzins dieser Gesamt-Zahlungsreihe (Opportunitätszins oder Interne Rendite beider Refinanzierungsge-schäfte zusammengenommen) beläuft sich auf 5,67443 %. Er steht dem Effektivzins des Kredites in Höhe von 11,71767 % gegenüber, und die Differenz zwischen beiden führt, wie die Differenzen zwischen der Zahlungsreihe des Kredites und der Gesamtzahlungsreihe der Opportunität verdeutlichen, im ersten Jahr zu einem Konditionsbeitrag in Höhe von 10877,83 DM und im zweiten zu einem Konditionsbeitrag in Höhe von 5625,76 DM.

Die Auflösung dieses Gleichungssystems mit 3 Gleichungen und 3 Unbekannten (X_1 , X_2 , X_3) führt zu folgenden Werten:

X_1 = 87.194,11 DM

X_2 = 92.805,89 DM

i_{opp} = 5,67443 %   (=Ø   **Interne Rendite beider Refinanzierungsgeschäfte**)

Die Gesamt-Zahlungsreihe der beiden Refinanzierungsgeschäfte hat folgendes Aussehen:

	0	1 Jahr	2 Jahre
t	├────────────────┼────────────────┤		

+ **87.194,11** ──── 1,05 ────▶ - 91.553,82

+ **92.805,89** ──── 0,06 ────▶ - 5.568,35 ──── 1,06 ────▶ - 98.374,24

+ 180.000,-	- 97.122,17	- 98.374,24

Zahlungsreihe des Kredites:

- 180.000,-	+ 108.000	+ 104.000

Konditionsbeiträge :   10.877,83   5.625,76

Daß absolute Vergleichbarkeit zwischen dem Kreditgeschäft und dem Gesamt-Refinanzierungsgeschäft gegeben ist, zeigt das Schaubild 15, das zum einen noch einmal die effektive Zins- und Tilgungsrechnung des Kredites zeigt, jedoch um die effektive Zins- und Tilgungsrechnung der jetzt ermittelten Opportunität bzw. Refinanzierung ergänzt ist. Jeweils mit unterschiedlichen Vorzeichen beginnen beide Geschäfte mit einer Kapitalbindung in Höhe von 180000,-- DM. Dies heißt nichts anderes, als daß zunächst 180000,-- DM aufgenommen werden (+ 180000,-- DM), die sodann beim Kredit wieder investiert werden (−180000,-- DM). Beim Kredit erhält die Bank nun eine Einzahlung in Höhe von 108000,-- DM, von der sie als Zinsertrag 21091,81 DM und als effektive Tilgung 86908,19 DM verbuchen kann. Für die Refinanzierung zahlt die Bank nach einem Jahr 97122,17 DM zurück. Von diesem Betrag stellen 10213,98 DM effektive Zinsen dar und 86908,19 DM (als Restgröße) die effektive Tilgung. Sie ist genauso hoch wie beim Kredit, so daß die Bank noch genau eine effektive Rest-Refinanzierung, die sie gleichzeitig beim Kredit gebunden hat, in Höhe von 93091,81 DM zur Verfügung hat. Analog ist die effektive Zins- und Tilgungsrechnung von Kredit und Gesamt-Refinanzierung im zweiten Jahr exakt vergleichbar.

Daß die Differenzen zwischen der Zahlungsreihe des Kredites und der Zahlungsreihe der Gesamt-Refinanzierung in jedem Jahr genau den Konditionsbeitrag angeben, und daß Effektivzinsrechnung und Margenkalkulation in jedem Jahr ebenfalls zu der gleichen Konditionsbeitragskalkulation führen, zeigt die Ergebnisidentität der Rechnungskreise in Schaubild 16. Diese Ergebnisidentität ist keineswegs Zufall. Denn einerseits wird bei der Effektivzinsrechnung sowie im Gleichungssystem der Opportunitätszinsbestimmung finanzmathematisch sauber, d.h. direkt an der Zahlungsreihe orientiert, kalkuliert, so daß Einnahmen- und Ausgabenrechnung konsistent sind, auf der anderen Seite enthalten die Bedingungen des Gleichungssystems das Kapitalbindungskriterium und führen dabei *simultan* zu identischen Ergebnissen der Effektivzinsrechnung und in der Margenkalkulation.

Neben dieser vollständigen Integration von Effektiv-, Margen- und Finanzrechnung mit *identischen* Ergebnissen, liegen die Vorteile der Opportunitätszinsbestimmung vom Typ B 2 und damit die Vorteile der (dynamischen) Kapitalsstrukturkongruenz desweiteren darin, daß die *Vorteilhaftigkeit* von Kundengeschäften gegenüber Geld- und Kapitalmarktgeschäften *richtig* wiedergegeben wird. Letztlich wird also lediglich die Frage beantwortet: Was bringt der *gleiche Kapitaleinsatz* beim Kundengeschäft einerseits und beim Alternativgeschäft andererseits? Zum dritten führt eine solche Berechnung der jährlichen Konditionsbeiträge auch zu einer korrekten Abbildung der Ergebniswirkung für den Strukturbeitrag. Dies bedeutet, Verluste oder Gewinne treten nur bei (Effektiv-)Kapitalinkongruenzen auf. Refinanziert sich die Zentraldisposition einer Bank also bei einem konkreten Kreditgeschäft nach dem hier vorgestellten Muster, so hat sie sich kapitalstrukturkongruent und damit fristenkongruent und damit ohne weitere Risiken finanziert. Viertens handelt es sich bei diesem Vorgehen um eine *gerechte* Margenkalkulation. Denn Zinserträge und vor allem auch Zinskosten werden nur für das effektiv benötigte Kapital (des Kredites!) in Rechnung gestellt. Fünftens schließlich wird auch eine effektivzinskonstante Disagioabgrenzung *ohne* Prämissen und *ohne* Widersprüche zur Zahlungsreihe möglich. Denn die sich aus der Effektivzinsrechnung ergebende Disagioabgrenzung ermöglicht erst den kapitalstrukturkongruenten Vergleich.

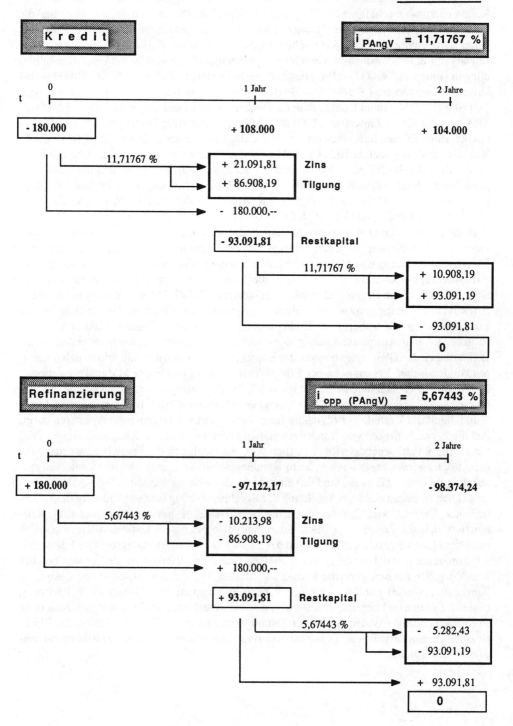

56

Die Ergebnisidentität der Rechnungskreise bei kapitalbasis-
orientierter Opportunitätszinsbestimmung

Effektivzinsrechnung

	Zinsertrag (11,71767 %)		Zinsaufwand (5,67443 %)	ZU (Kond.beitrag)
1. Jahr	21.091,81	-	10.213,98	10.877,83
2. Jahr	10.908,19	-	5.282,43	5.625,76
Σ	32.000,--	-	15.496,41	16.503,59

Margenkalkulation

	Marge		Kapitaleinsatz	ZU (Kond.beitrag)
1. Jahr	6,04324 %	•	180.000,--	10.877,83
2. Jahr	6,04324 %	•	93.091,81	5.625,76
Σ	6,04324 %	•	273.091,81	16.503,59

Finanzbuchhaltung

	Einnahme (Rückzahlung Kredit)		Ausgabe (Kapitaldienst Refi)	ZU (Kond.beitrag)
1. Jahr	108.000,--	-	97.122,17	10.877,83
2. Jahr	104.000,--	-	98.374,24	5.625,76
Σ	212.000,--	-	195.496,41	16.503,59

Die Marktzinsmethode im Tagesgeschäft der Banken

ALFRED W. MARUSEV

Erst die Marktzinsmethode (MZM) ermöglicht die Bewertung eines *einzelnen* Bankgeschäfts.[1] Der erste Schritt ist, daß man zunächst aus der *Verpackung* eines Bankprodukts den *Einnahmen-Ausgabenstrom* herausschält.[2] Die im folgenden ausschließlich für Kreditprodukte verwendeten Argumente gelten analog auch für alle anderen Produkte, wenn man den Zahlungsstrom auf der Passivseite um die Mindestreserveverpflichtungen korrigiert. Der Einnahmen-Ausgabenstrom (Cash flow des Kundengeschäfts) wird mit Hilfe der MZM zerlegt in den Zahlungsstrom, der bei alternativer risikofreier Anlage am Geld- und Kapitalmarkt (GKM) erzielbar wäre und den Zahlungsstrom, der aus der Konditionsgestaltung gegenüber dem Kunden, d. h. aus den Konditionsbeiträgen des Kundengeschäfts resultiert. Die *Zinsstrukturkurve* des für das Neu- bzw. Anschlußgeschäft gültigen GKM wird umgerechnet in *arbitragefreie Zero-Bonds*. Diese Zero-Bond-Abzinsfaktoren stellen den heutigen Barwertanteil von 1, − DM in der Zukunft dar, d. h. sie teilen einen zukünftigen Geldbetrag auf in Barwert und Zinsanteil. Da es an hochorganisierten Finanzmärkten keine Arbitrage gibt, müssen zwei von heute an identische Zahlungsströme heute auch gleich bewertet werden.[3] Bildet man den aus der Verpackung herausgeschälten Kundenzahlungsstrom mit all seinen Ein- und Auszahlungen vollständig durch ein Sparbuch ab − mit der allseits vertrauten nachschüssigen jährlichen Zinsverrechnung − so erhält man den *Effektivzins* als denjenigen Zinssatz, bei dem das Staffelkonto des Sparbuchs (= *Vergleichskonto*) am Ende des Zahlungsstoms genau den Saldo Null hat.[4] Mit dieser ersten Umformung des Kundenzahlungsstroms im bewertungstheoretischen Sinn bringt man also Transparenz in die Außenbeziehung zwischen Bank und Kunde; eine Transparenz, die der Gesetzgeber für so wichtig hielt, daß er sie in der Preisangabenverordnung (*PAngV*) als offenlegungspflichtig vorgeschrieben hat. Die Bank hat aber darüber hinaus Interesse an der inneren Transparenz und erhält sie mit der zweiten Umformung des Zahlungsstroms, indem sie den Kundenzahlungsstrom „verbarwertet", d. h., sie rechnet durch Multiplikation mit den Zero-Bond-Abzinsfaktoren den heutigen *Barwert* des Kundenzahlungsstroms aus.

Werden statt des Kundenzahlungsstroms die Durchschnittssalden des Vergleichskontos „auf die Zeitrutsche geworfen", d. h. mit den Zero-Bond-Abzinsfaktoren multipliziert,[5] so

---

1   Die vollständigste Darstellung der MZM und weiterführender Literatur findet sich bei: Schierenbeck, H.; Ertragsorientiertes Bankmanagement, 2. Auflage, Wiesbaden 1987
2   Abb. 1 veranschaulicht, wie man aus einem 100 000, − DM Kredit mit 7,75 % Nominalzins, 4 % Disagio und einer Anfangstilgung von 17,25 % (Eingabemaske und Tilgungsplan siehe Abb. 2 und 3) den tatsächlichen Cash flow (Abb. 4) herausschält
3   Nach Bühler, W.; Bewertung und Management festverzinslicher Wertpapiere, in: Operations Research Proceedings 1987, Schmidt, R., Bühler, W., Streitferdt, L., Braun, H., Ohse, D. (Hrsg.), erscheint demnächst
4   siehe Abb. 5 sowie die Grafiken der Abb. 6 und 7
5   und anschließend aufsummiert

erhält man den Barwert der Durchschnittssalden und damit die *Marge* des Kundengeschäfts[6]:

$$\text{Marge} = \frac{\text{Barwert des Kundenzahlungsstroms}}{\text{Barwert der Durchschnittssalden}}$$

Eine *Verrentung des Barwertes* des Kundenzahlungsstroms ergibt sich dann für die zukünftigen Zeitpunkte durch[7]:

Marge · Durchschnittssaldo = Konditionsbeitrag

Der Barwert der Konditionsbeiträge ist natürlich identisch mit dem Barwert des gesamten Kundenzahlungsstroms. Zieht man die verrenteten Konditionsbeiträge vom Kundenzahlungsstrom ab, so erhält man die oben geschilderte *Aufteilung des Kundenzahlungsstroms in:*

- *Zahlungsstrom der alternativen Anlage am GKM und*
- *Zahlungsstrom der Konditionsbeiträge.*

Die Ermittlung der arbitragefreien Zero-Bond-Abzinsfaktoren aus einem beliebigen Geld- und Kapitalmarkt sei am Beispiel endfälliger GKM-Geschäfte aufgezeigt.[8] Die gültigen GKM-Sätze für 1, 2, 3, 4... Jahre seien 3,80 %, 4,32 %, 4,85 %, 5,25 % usw. Der Abzinsfaktor für beispielsweise das 4. Jahr errechnet sich, ähnlich wie bei Kosmider,[9] von rechts nach links, d. h. schrittweise vom laufzeitlängsten Geschäft zum jeweils nächst kürzeren. Um 1,− DM in 4 Jahren zu erhalten, muß man bei 5,25 % Verzinsung 95,01187648... Pf in 4-Jahres-Geld anlegen, erhält dann im Jahre 1, 2, 3 und 4 jeweils 4,988... Pf Zinsen, was zusammen mit der Schlußtilgung im 4. Jahr genau zur Zahlung von 1,− DM führt. Nun muß man ein weiteres Geschäft abschließen, um die Zinszahlung im 3. Jahr wieder zu stornieren. Dies geschieht, indem man bei 4,85 % Verzinsung 4,7573901... Pf 3-Jahres-Geld aufnimmt, was zu Zinszahlungen im Jahre 1, 2 und 3 in Höhe von 0,2307... Pf führt, so daß sich zusammen mit der Schlußtilgung im Jahre 3 genau eine Zahlung von 4,988... Pf ergibt, wodurch der Zinsertrag des 4-Jahres-Geldes aufgehoben wird. Analog ist durch Abschluß eines 2-Jahres-Geschäfts die Wirkung der Zinsen für das 3- und 4-Jahres-Geschäft im Jahre 2 zu stornieren, usw. Die Summe der GKM-Geschäfte, die eben diese Wirkung haben, nämlich 0,− DM im Jahre 1, 2 und 3 und 1,− DM im Jahre 4, beträgt 81,30067355... Pf, der Abzinsfaktor des arbitragefreien Zero-Bonds ist demnach genau 0,8130067355..., d. h. GKM-Mix und Zero-Bond bilden sich vollständig arbitragefrei gegenseitig ab. In Tabellenform sieht das wie folgt aus:

cf der GKM's / Zeitachse			1	2	3	4
4 Jhr	5,25 %	0,9501187648	−0,04988	−0,04988	−0,04988	−1
3 Jhr	4,85 %	−0,047573901	0,002307	0,002307	0,049881	
2 Jhr	4,32 %	−0,0456038161	0,00197	0,047573		
1 Jhr	3,8 %	−0,0439343122	0,045603			
cf des Z.-B.		0,8130067355	0	0	0	−1

6 Vgl. Kotissek, N.; Zur Berechnung des Konditionsbeitrages bei konstanter effektiver Marge, in: bank und markt 1/1987, Frankfurt, S. 34 ff.

7 Die GKM-Sätze zum Abschlußzeitpunkt betragen im Beispielfall 4,80 %, 5,22 %, 5,68 %, 6,25 % und 6,43 %... Die zugehörigen Zero-Bond-Abzinsfaktoren sind in Abb. 8 enthalten. Abb. 9 zeigt den Cash flow der Konditionsbeiträge

8 Grabiak, S., Kotissek, N., Küsters, H., Marusev, A. W.; Die moderne Marktzinsmethode im Tagesgeschäft der Banken, in: bank und markt, erscheint demnächst

9 Kosmider, H.-P.; Der dispositionsbezogene Effektivzins (DEZ), eine Effektivzinsmethode ohne Wiederanlageprämissen, in: Operations Research Proceedings 1985, Streitferdt, L., Hauptmann, H., Marusev, A. W., Ohse, D., Pape, U. (Hrsg.), Berlin 1986, S. 205-215

Damit ist *eine Spalte* der Inversen einer Matrix, mit der *alle Abzinsfaktoren simultan errechnet* werden, betriebswirtschaftlich interpretiert. Der Gleichungsansatz für endfällige GKM-Geschäfte sieht so aus:

GKM-Matrix	1,038	0,0432	0,0485	0,0525
	0	1,0432	0,0485	0,0525
	0	0	1,0485	0,0525
	0	0	0	1,0525

Die zugehörigen Abzinsfaktoren zu eben diesem GKM lassen sich als Spalten-Summen der Inversen errechnen:

Inverse	0,963391	−0,03989	−0,04271	−0,04393
	0	0,958588	−0,04434	−0,0456
	0	0	0,953743	−0,04757
	0	0	0	0,950118
Summen	0,963391	0,918693	0,866684	0,813006

Da die Abzinsfaktoren unabhängig von konkreten Zahlungsströmen sind, brauchen sie pro gegebener GKM-Zinsstrukturkurve *nur einmal* berechnet zu werden und können auch zum Aufspüren von *Unvollkommenheiten am GKM* eingesetzt werden. Gleichzeitig bilden sie, wie geschildert, die Multiplikatoren für die Verbarwertung beliebig komplexer Zahlungsströme,[10] eine Eigenschaft, die es erlaubt, jegliche Abweichung von einem vereinbarten bzw. erwarteten Zahlungsstrom betriebswirtschaftlich richtig zu beurteilen.

Exkurs: Dividiert man den Barwert der Zinskonditionsbeiträge durch den Barwert der durchschnittlichen *Normalsalden* (anstelle der Durchschnittssalden des Vergleichskontos), so erhält man eine Relation, die als Marge in den dispositionsbezogenen Effektivzins (DEZ) von Kosmider eingegangen ist.

Verändert man den Kundenzahlungsstrom um den *Barwert der Konditionsbeiträge* (und nicht, wie oben geschildert, um *die verrenteten Konditionsbeiträge)* und errechnet man den Effektivzins des sich hieraus ergebenden Zahlungsstroms, so erhält man den Opportunitätszins laut Siévi.[11]

Eine andere zeitliche Verteilung (Abgrenzung) der Konditionsbeiträge ergibt sich auch, wenn man fordert, daß GuV-synchron abgeschöpft wird, d. h., daß *keine temporäre Zu- und Abnahme des Eigenkapitals* stattfinden soll.

Wünscht der Kunde während der Laufzeit eines Festzinsgeschäfts eine Änderung und tritt durch die Annahme des Kundenwunsches ein vertragsloser Zustand ein, liefert die MZM der Bank eine Reihe von Argumentationsmöglichkeiten: Zunächst wird der Barwert des verbleibenden zukünftigen Kundenzahlungsstroms aus dem Restgeschäft durch Multiplikation mit den Abzinsfaktoren des im Augenblick der Störung gültigen GKM ermittelt (= *Kurswert des zukünftigen Kunden-Cash flows).* Anschließend wird der heutige Barwert aus dem restlichen Cash flow der alternativen Anlage am damaligen GKM wie folgt ermittelt: Aus dem Kunden-Cash flow und dem Effektivzins werden die in die Zukunft reichenden (Durchschnitts-)Salden des Vergleichskontos errechnet und hieraus durch Multiplikation

---

10 So zeigt Rolfes, daß das Gedankengebäude der MZM einen allgemeinen investitionstheoretischen Ansatz darstellt, der die gekrümmte Zinsstrukturkurve realer GKM-Handlungsalternativen als Vergleichsmaßstab heranzieht (und nicht einen einheitlichen Bewertungszinssatz, der einer *parallel* zur Zeitachse verlaufenden Zinsstrukturkurve entspräche, die in der Realität eigentlich nicht vorkommt. Anmerkung des Verfassers). Internes Arbeitspapier zur Habilitationsschrift, Münster 1988

11 Vgl. H. R. Flesch, F. Piaskowski, Ch. R. Siévi; Stellungnahme zu dem Aufsatz von Schierenbeck/Rolfes, Effektivzinsrechnung und Marktzinsmethode, in: Die Bank 4/1987, S. 190−193 sowie die dort angegebene Literatur

mit der gespeicherten Marge die zukünftigen Konditionsbeiträge des Restgeschäfts gewonnen. Wird nun in der altbekannten Weise der Zahlungsstrom der Konditionsbeiträge vom Zahlungsstrom des Kunden-Cash flows subtrahiert, ergibt sich zwingend der zukünftige Zahlungsstrom der damaligen alternativen Anlage am GKM, der nun seinerseits durch Multiplikation mit den Abzinsfaktoren des heutigen GKM verbarwertet wird. Dieser *Barwert der alternativen Anlage* stellt die *absolute Preisuntergrenze* für Sondertilgungen, Stundungen, Aufstockungen, Laufzeitänderungen, Ratenanpassungen, Umschuldungen etc. dar. Der sich aus der Verhandlung mit dem Kunden ergebende neue Zahlungsstrom (und bestünde er auch nur aus einer Volltilgung) wird schlicht und einfach wieder „auf die heutige Zeitrutsche geworfen", d. h. durch Multiplikation mit den Abzinsfaktoren des heutigen GKM verbarwertet, und vom Ergebnis wird die Preisuntergrenze (*Ablösesumme*) abgezogen. Verbleibt nach dieser Subtraktion ein positiver Barwert der Konditionsbeiträge des Anschlußgeschäfts, so sind die Vorfälligkeitskosten (*Ablösekosten*) zwar vollständig gedeckt, jedoch zeigt erst die Ermittlung des Effektivzinses und der Marge des Anschlußgeschäfts ein abgerundetes Gesamtbild der in die Zukunft hineinragenden Kundenbeziehung. Der Effektivzins errechnet sich, indem der Saldo des Vergleichskontos und der neue Kundenzahlungsstrom wiederum als Sparbuch abgebildet werden, die Marge errechnet sich durch Verrentung des Barwerts der Konditionsbeiträge aus dem Anschlußgeschäft. Die alte Marge wird EDV-technisch nicht mehr benötigt und deshalb durch die neue Marge überschrieben.

Beispiel:

	Kunden-Cash flow	Zahlungsströme alternative Anlage am GKM	Anschluß-geschäft	Zeitpunkt
	2* 25 000,–	2* –25 000,–	2* –25 000,–	(1), (2)
	24 304,40	–24 304,40	–24 304,40	(3)
		2 074,18	2 074,18	(1)
		1 436,35	1 436,35	(2)
		739,10	739,10	(3)
			3* 23 000,–	(0) ff.
Barwert	68 116,38	–64 158,–	2 129,96	

identisch mit[12]:

			–64 158,–	(0)
			23 000,–	(0)
		–22 925,82	23 000,–	(1)
		–23 563,65	23 000,–	(2)
		–23 563,30		(3)
Barwert		–64 158,–	2 129,96	

Bei *Volltilgung* wird das Wesen der *Ablösekosten* besonders deutlich: Hätte die Bank das damalige Kundengeschäft vollständig refinanziert, so müßte sie die Ablösesumme in solchen Tranchen am GKM anlegen, daß zu jedem zukünftigen Zeitpunkt der aus der Refinanzierung sich ergebende Zahlungsstrom (= Kunden-Zahlungsstrom vermindert um die Kon-

12 Der damalige GKM-Mix bestand u. a. aus 19 114,09 DM 3-Jahresgeld zu 5,68 %, aus 20 837,59 DM 4-Jahresgeld zu 6,25 % und aus 22 141,60 DM 5-Jahresgeld zu 6,43 %

ditionsbeiträge) vollständig storniert wird. Bei normal gekrümmter Zinsstrukturkurve heißt das im Fall des obigen 5-jährigen Darlehens, daß bei einem Änderungswunsch nach 2 Jahren die relativ hohen Zinsen für die noch in die Zukunft hineinreichenden Restlaufzeiten der 3-, 4- und 5-Jahresgelder incl. deren jeweiliger Schlußtilgung als Zahlungsverpflichtung (Cash flow) bei der Bank verbleiben. Sie hat nur die Möglichkeit, diese Zahlungsverpflichtungen durch Wiederanlage der Ablösesumme in relativ niedriger verzinsliche 1-, 2- und 3-Jahresgelder zu stornieren und das noch dazu vor dem Hintergrund einer i. d. R. nach unten gegangenen Zinsstrukturkurve. Das absolut Gleiche ergibt sich natürlich auch, wenn man mit der alternativen Anlage argumentiert: In diesem Fall würden die relativ hohen Zinsen aus den alten 3-, 4- und 5-Jahresdarlehen durch die relativ niedriger verzinslichen heutigen 1-, 2- und 3-Jahresdarlehen erbracht werden müssen. Daß in die Ermittlung der absoluten Preisuntergrenze keinerlei zukünftige Konditionsbeiträge des restlichen alten Kundengeschäfts eingeflossen sind, sei nur der Deutlichkeit halber nochmals gesondert erwähnt. Diese Konditionsbeiträge könnte die Bank durch Nichteingehen auf den Änderungswunsch des Kunden ersitzen bzw. durch Verkauf des Zahlungsstroms der zukünftigen Konditionsbeiträge sofort am GKM realisieren (= reale Verbarwertung).

Die geschilderte *Ermittlungsfunktion* des Banken-Controlling hilft dem Praktiker unmittelbar im Tagesgeschäft und hat damit den Elfenbeinturm der Stäbe und der Führungsebene verlassen. Die zugrundeliegenden Daten sind, entsprechend einer Forderung von Vikas,[13] ausschließlich zukunftsorientiert, entscheidungsrelevant und fallbezogen. Ab März 1988 steht das Modell als PC-Programm samt Handbuch zur Verfügung und eröffnet zunächst nur die Möglichkeit von Einzel-Produkt- und A-Kunden-Kalkulationen, da solange, bis die Großrechnerdaten voll maschinell angezapft werden können, die notwendigen Daten manuell eingegeben werden müssen. Aber auch ins Filial-Controlling kann man damit bereits einsteigen, wenn man durch Einbau eines Gruppenwechsels in das Zins-Bindungs-Bilanz-Programm den zukünftigen Zahlungsverlauf aus den Festzinspositionen auf Filialebene bekommt. Dieser Zahlungsstrom kann verbarwertet werden und durch Vergleich mit den Staffelkontosalden der „worst case"-Barwert der Filiale ermittelt werden. Dieser Abgleich scheint auch zur Behandlung der Altbestände bei der erstmaligen Umstellung der Großrechnerdaten auf die MZM geeignet. Allerdings müßte bei erstmaligem Eintritt einer Störung in einem so übernommenen Altgeschäft die exakte einzelfallbezogene damalige Marge ermittelt werden, zumindest dann, wenn es sich um einen A-Kunden handelt. Die Eleganz des vorgestellten Modellansatzes erlaubt es vermutlich auch, die MZM auf die Fälle fester Kapitalbindung mit variabler Verzinsung auszudehnen, da beliebig viele Änderungen des jeweils zukünftigen Zahlungsstroms, die aus den diversen Anpassungen an Zinsänderungen am GKM resultieren, wie Störungen im oben aufgezeigten Sinn behandelt werden können. Im variablen Bereich können nur für ganze Blöcke von Geschäften statistisch abgesicherte Vermutungen über zukünftige Zahlungsströme mit der MZM bewertet werden, wohingegen die MZM im variablen Einzel-Geschäft ex definitione nicht geeignet ist, Transparenz herzustellen; allerdings besteht hier auch kein unmittelbarer Handlungsbedarf, da Zinsänderungen etc. direkt an den Kunden weitergegeben werden können und dadurch die einzelnen Margen ohne Schwierigkeiten „konstant" gehalten werden können. Die weiteren Entwicklungsschritte werden die Realisierung des Großrechneranschlusses sowie die Errechnung eines Bonus-/Malus-Systems sein, das die jeweilige Engpaßkombination der Gesamtbank simultan berücksichtigt[14] und herunterbricht auf die *Steuerung* des Einzelgeschäfts.

13 Vikas, K.; Grenzplankostenrechnung als Steuerungsinstrument im Betriebsbereich der Banken, a. a. O.
14 Klewin, R., Marusev, A. W.; Controlling als Führungsinstrument, in: IBM-Nachrichten 12/1986, S. 20−25

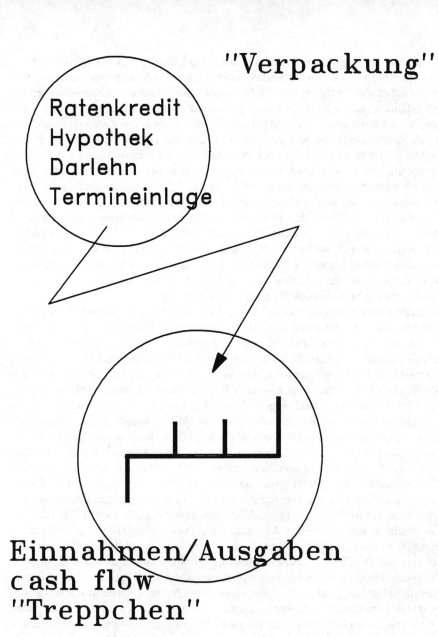

"Verpackung"

Ratenkredit
Hypothek
Darlehn
Termineinlage

Einnahmen/Ausgaben
cash flow
"Treppchen"

Abbildung 1

```
                           GAD Testbank eG                    20.01.1986
                           Tilgungsplan

┌──────────────────────────────────────────────────────────────────────────┐
│ Zinssatz      7.750 %              Zinsfestschreibung bis  1. 2.1991        │
│                                                                            │
│ Darlehen nominal      100000.00 DM   Auszahlungskurs     96.000 %          │
│ Darlehen netto         96000.00 DM   Gebühr               0.000 %          │
│                                                                            │
│ 1. Auszahlung          96000.00 DM   am   1. 2.1986                        │
│ 2. Auszahlung              0.00 DM   am    . .                             │
│ 3. Auszahlung              0.00 DM   am    . .                             │
│                                                                            │
│ Zu zahlen pro Jahr     25000.00 DM   Anfangstilgung      17.250 %          │
│               Rate     25000.00 DM                                         │
│               Monat     2083.33 DM                                         │
│                                                                            │
│ Ratenfälligkeit  1  ab  1. 2.1987    Ratenkennzeichen <1/4/5>              │
│ Zinsfälligkeit   1  ab  1. 2.1987                                          │
│                                                                            │
│ Zinsrechnung höchster Sollsaldo / staffelmässig                           │
└──────────────────────────────────────────────────────────────────────────┘
```

Abbildung 2

```
                           GAD Testbank eG                    20.01.1986
Annuitätendarlehen   -   staffelmäßige Zinsrechnung
Darlehen:    100000.00    DM  ab  1. 2.1986      4.000 % Disagio
Rate:         25000.00    DM  ab  1. 2.1987  jährlich
Zinsen:        7.750 % p.a.   ab  1. 2.1987  jährlich       -    9.317 % effektiv
Zinsfestschreibung bis:      1. 2.1991
 Datum      Art         Saldo        Tilgung         Zinsen         Zahlung
┌──────────────────────────────────────────────────────────────────────────┐
│ 1. 2.1986  a      100000.00                                                │
│ 1. 2.1987  rz      82750.00      17250.00        7750.00        25000.00   │
│ 1. 2.1988  rz      64163.13      18586.87        6413.13        25000.00   │
│ 1. 2.1989  rz      44135.77      20027.36        4972.64        25000.00   │
│ 1. 2.1990  rz      22556.29      21579.48        3420.52        25000.00   │
│ 1. 2.1991  rz                    22556.29        1748.11        24304.40   │
│                                                                            │
│ Endsumme:                       100000.00       24304.40       124304.40   │
└──────────────────────────────────────────────────────────────────────────┘
```

Abbildung 3

```
                           GAD Testbank eG                    20.01.1986
                      Zahlungsreihe  eingeben / ändern

┌──────────────────────────────────────────────────────────────────────────┐
│ Datum erste  Zahlung   1. 2.1986    (legt den Beginn des Zinsjahres fest)  │
│ Datum letzte Zahlung   1. 2.1991                                           │
│                                                                            │
│ Summe positiver Zahlungen      124304.40 DM                               │
│       negativer Zahlungen      -96000.00 DM                               │
│                                                                            │
│ Lfd.  Kenn-   Datum 1.      Betrag DM    Anzahl   Abstand   letzte         │
│ Nr.   zei.    Zahlung       je Zahlung   Zahlg.   in Tagen  Zahlung        │
│                                                                            │
│   1           1. 2.1986     -96000.00      1        0       1. 2.1986      │
│   2           1. 2.1987      25000.00      4      360       1. 2.1990      │
│   3           1. 2.1991      24304.40      1        0       1. 2.1991      │
│   4            . .                                                         │
│   5            . .                                                         │
│   6            . .                                                         │
│   7            . .                                                         │
│   8            . .                                                         │
│                                                                            │
└──────────────────────────────────────────────────────────────────────────┘
```

Abbildung 4

Text	Datum	Betrag	Zinsen	Saldo
Zahlung	1. 2.1986	-96000.000	-8944.756	
Zahlung	1. 2.1987	25000.000	0.000	
Summe	1. 2.1987	-71000.000	-8944.756	-79944.756
Anfangssaldo	1. 2.1987	-79944.756	-7448.816	
Zahlung	1. 2.1988	25000.000	0.000	
Summe	1. 2.1988	-54944.756	-7448.816	**-62393.572**
Anfangssaldo	1. 2.1988	-62393.572	-5813.493	
Zahlung	1. 2.1989	25000.000	0.000	
Summe	1. 2.1989	-37393.572	-5813.493	-43207.065
Anfangssaldo	1. 2.1989	-43207.065	-4025.798	
Zahlung	1. 2.1990	25000.000	0.000	
Summe	1. 2.1990	-18207.065	-4025.798	-22232.863
Anfangssaldo	1. 2.1990	-22232.863	-2071.537	
Zahlung	1. 2.1991	24304.400	0.000	
Summe	1. 2.1991	2071.537	-2071.537	0.000

Effektivzins = 9,31745 %

Abbildung 5

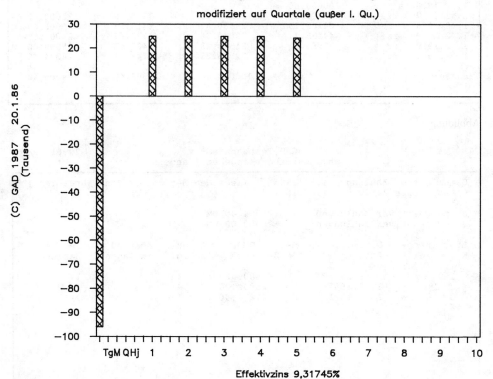

Einn/Ausg (Kunden–cash flow)

modifiziert auf Quartale (außer I. Qu.)

Effektivzins 9,31745%

▨ korr. Zhlg.strom (Summe 28304,40 DM)

Abbildung 6

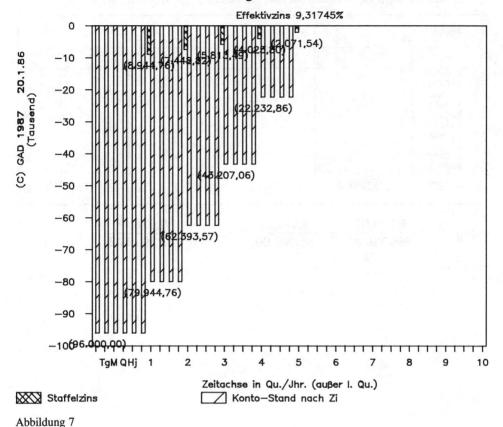

Vergleichs–Konto

Effektivzins 9,31745%

(values visible on chart: (48.944,76), (71.442,82), (55.814,44), (30.025,86), (2.071,54), (22.232,86), (43.207,06), (62.393,57), (79.944,76), (96.000,00))

X-axis: TgM QHj 1 2 3 4 5 6 7 8 9 10

Zeitachse in Qu./Jhr. (außer I. Qu.)

XXXX Staffelzins   ⊘ Konto–Stand nach Zi

Abbildung 7

GAD Testbank 'eG   20.01.1986
Marktzins-Methode / Barwert / Abzinsfaktoren

Beginn:	1.0000000	1. Tag: 0.9998736		30. Tag: 0.9960573
	90. Tag:	180. Tag:	270. Tag:	360. Tag:
1.Jahr:	0.9883865	0.9768010	0.9654257	0.9541985
2.Jahr:	0.9416496	0.9289251	0.9160508	0.9030515
3.Jahr:	0.8890579	0.8749378	0.8607197	0.8464309
4.Jahr:	0.8304894	0.8144349	0.7983053	0.7821364
5.Jahr:	0.7684739	0.7550637	0.7419027	0.7289880
6.Jahr:	0.7165900	0.7045112	0.6927400	0.6812658
7.Jahr:	0.6673666	0.6537197	0.6403246	0.6271805
8.Jahr:	0.6153768	0.6038867	0.5926993	0.5818037
9.Jahr:	0.5701653	0.5588330	0.5477964	0.5370456
10.Jahr:	0.5271820	0.5176261	0.5083638	0.4993820
Barwert:	**8863.05 DM**		(Eff.zins:	9.31745 %)

Saldo Vergleichskonto   **96.000,00 =**   **100,000%**
+ Barwert der zukünftigen Konditionsbeiträge   **8.863,05 =**   **9,232%**

= Kurswert (= Barwert zukünftiger KD-cf)   **104.863,05 =**   **109,232%**

Abbildung 8

67

GAD Testbank eG 20.01.1986
Marktzins-Methode / konst. effektive Marge / Konditionsbeiträge

Beginn:		1. Tag:		30. Tag:
	90. Tag:	180. Tag:	270. Tag:	360. Tag:
1.Jahr:				3191.37
2.Jahr:				2657.64
3.Jahr:				2074.18
4.Jahr:				1436.35
5.Jahr:				739.10
6.Jahr:				
7.Jahr:				
8.Jahr:				
9.Jahr:				
10.Jahr:				

Marge: **3.32434 %** (GKM-Mix: 5.99311 % / Eff.zins: 9.31745 %)

$$\textbf{Marge} = \frac{8.863,05}{266.610,44} = \frac{3.191,37}{96.000,00} = \ldots = \frac{2.074,18}{62.393,572} = \ldots$$

Abbildung 9

Grenzplankostenrechnung als Steuerungsinstrument im Betriebsbereich der Banken

DR. KURT VIKAS

Zielsetzung:

In den letzten Jahren ist in der Bankenwelt ein Wandel der Geschäftspolitik in Richtung auf eine verstärkte Ertragsorientierung hin zu beobachten. Damit tritt der Begriff des Controlling, zu verstehen als die Summe aller Planungs-, Steuerungs- und Kontrollaktivitäten zur Verbesserung und Absicherung des Unternehmenserfolges, deutlich in den Vordergrund. Ein funktionsfähiges und leistungsstarkes Controlling ist jedoch ohne ein ausgebautes und aussagefähiges System des innerbetrieblichen Rechnungswesens nicht vorstellbar (Schierenbeck 1985, S. 31).

Während für den Wertbereich, d. h. für die Gegenüberstellung der Wertkosten und Werterlöse, das Verfahren der Marktzinsmethode als modernes Instrument der Teilzinsspannenrechnung sich in der Praxis bereits bewährt hat, fehlt für den Betriebsbereich noch eine allgemein gültige und befriedigende Lösung.

Neben dem Verfahren der Standardeinzelkostenrechnung, das auf der relativen Einzelkostenrechnung (Riebel, 1985) basiert, gewinnt in letzter Zeit das vor allem in der Industrie verbreitete Verfahren der Grenzplankostenrechnung (Plaut, 1953; Kilger, 1981) im Dienstleistungsbereich und hier u. a. auch bei Banken zunehmend an Bedeutung (Vikas, 1988).

Mit den dabei gewonnenen Erfahrungen wird sich der folgende Beitrag befassen.

Grundsätze der Grenzplankostenrechnung:

Während die traditionelle Betriebsabrechnung ihre Hauptaufgabe in der vergangenheitsorientierten Dokumentation periodenbezogener Daten sah, sind alle modernen Verfahren der Kosten- und Leistungsrechnung durch die Bereitstellung zukunftsorientierter, entscheidungsrelevanter Daten geprägt, die auch in Form von fallbezogenen Informationen kurzfristig zur Verfügung stehen müssen. Nur auf diesem Instrumentarium aufbauend kann ein funktionsfähiges Controlling existieren. Damit scheiden alle Verfahren der Istkosten- und Vollkostenrechnung als Grundlage für ein leistungsfähiges Controlling aus.

Für die Aufgaben des Controlling sind analytisch ermittelte Plandaten, flexible, d. h. leistungsabhängige Solldaten und die entsprechenden Istdaten bereitzustellen, um aussagefähige Abweichungen für Analysen und Steuerungszwecke aufzubereiten.

Alle diese Daten müssen in einem integrierten Datenmodell der Datenverarbeitung verwaltet werden, das als Planungs-, Abrechnungs- und Informationssystem gestaltet werden muß. Der Zusammenhang zwischen den Plandaten, Solldaten und Istdaten kann am besten anhand der bekannten graphischen Darstellung des in der Grenzplankostenrechnung unterstellten Kostenverlaufs erläutert werden.

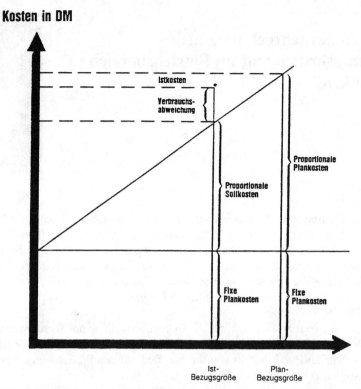

Abb. 1: Kostenverlauf in Abhängigkeit von der Leistung

Die Umsetzung dieses theoretisch klaren Tatbestands in die Praxis des Bankbetriebes muß allerdings mit einigen Prämissen vorbereitet werden, um Mißverständnisse zu vermeiden.

Bankspezifische Anforderungen und Lösungsansätze:

Entgegen einer weit verbreiteten Meinung, die fälschlich vor allem von den Möglichkeiten der kurzfristigen Beeinflußbarkeit der Kosten im Gesamtunternehmen ausgeht, sind auch im Betriebsbereich der Banken die Kosten keineswegs weitgehend als fix zu betrachten, wenn man von einem rein funktionalen Zusammenhang zwischen Kosten und Leistungen ausgeht. Dafür ist die wichtigste Voraussetzung die Definition des Leistungsmaßstabs, der für jede einzelne Kostenstelle sorgfältig festgelegt werden muß. Nur dieser funktionale Zusammenhang der geplanten Kosten zu diesem Leistungsmaßstab ist für die Kostenauflösung nach fixen und proportionalen Bestandteilen im Zuge der analytischen Kostenplanung maßgebend, nicht deren kurzfristige Beeinflußbarkeit. Auch der Ausweis von Kostenremanenzen in Form von laufenden Abweichungen wird dabei bewußt in Kauf genommen.
Da im Betriebsbereich der Banken ca. 60 bis 70 % des gesamten Kostenvolumens auf Personalkosten entfallen, muß geprüft werden, ob und in welchem Umfang ein solcher Leistungszusammenhang hergestellt werden kann. Nach vorliegenden Erfahrungen trifft dieser für mehr als die Hälfte der Mitarbeiter von Großbanken zu, so daß auf diese Weise ein ganz wesentlicher Kostenfaktor einem effizienten Controlling unterworfen werden kann.

Neben einer regelmäßigen Erfassung von Leistungsdaten der einzelnen Kostenstellen, die heute durch DV-gestützte Auswertungssysteme erleichtert wird, kommt der Bildung von Leistungsstandards für die einzelnen, sich wiederholenden Tätigkeiten und Abläufe eine besondere Bedeutung zu.

TÄTIGKEITSKATALOG DER SCHALTERSTELLE (AUSZUG)		LEISTUNGS-STANDARD	PLAN VERKEHRS-MENGE	PLAN BEZUGS-GRÖSSENMENGE	KOSTEN-TRÄGER
NR.	BEZEICHNUNG	(MIN/STK.)	(STK.)	(STD.)	
111	EINZAHLUNGEN INLAND, HAND-BEARBEITUNG	0,984	7500	123,00	GIROKONTEN
112	EINZAHLUNGEN INLAND, MASCH.-BEARBEITUNG	0,774	9500	122,55	
115	EINZAHLUNGEN INLAND, TELEGRAFISCH	5,040	200	16,80	
131	EINZAHLUNGEN AUSLAND, IN LANDESWÄHRUNG	2,580	400	17,20	
132	EINZAHLUNGEN AUSLAND, IN FREMDWÄHRUNG	4,800	200	16,00	
135	EINZAHLUNGEN AUSLAND, IN FREMDWÄHRUNG, TELEGRAF.	10,980	250	45,75	
211	AUSZAHLUNGEN EC-SCHECKS, EIGENES INSTITUT	1,650	9000	247,50	
212	AUSZAHLUNGEN EC-SCHECKS, FREMDE INSTITUTE	1,998	4000	133,20	
219	EC-KARTEN AUSHÄNDIGEN	2,400	200	8,00	▽
	KTR-ZWISCHENSUMME			730,00	--------------
311	SPAREINLAGEN ENTGEGENNEHMEN	1,968	1600	52,48	SPARKONTEN
312	GUTSCHRIFTEN / ZINSEN EINTRAGEN	1,518	3200	80,96	
321	RÜCKZAHLUNGEN AUS SPARBÜCHERN LEISTEN	2,838	2340	110,68	
325	RÜCKZAHLUNGEN AUS AUSLÄND. SPARBÜCHERN LEISTEN	4,242	100	7,07	
329	SPARBÜCHER AUSSTELLEN UND AUFLÖSEN	11,298	100	18,83	▽
	KTR-ZWISCHENSUMME			270,02	
PLAN: 1987	PLAN-BEZUGSGRÖSSENMENGE			1000,02	

Abb. 2: Tätigkeitskatalog der Schalterstelle (Auszug)

In der Abb. 2 wurde ein Beispiel für den Tätigkeitskatalog einer Kassenschalterstelle einer Bank auszugsweise dargestellt, aus dem hervorgeht, welcher Richtzeitaufwand in Minuten jeweils für die einzelnen Tätigkeiten dieser Schalterstelle erforderlich ist. Die Planverkehrsmenge, gewonnen aus der Postenstatistik der Vergangenheit und mit planerischen Zielvorgaben modifiziert, bildet die zweite Grundlage der Ermittlung der Plan-Bezugsgrößenmengen in Leistungsstunden pro Monat. Zu beachten ist, daß diese einzelnen Tätigkeiten bereits Kostenträgergruppen, wie dem Girokontenbereich, dem Sparkontenbereich usw., zugeteilt werden können. Die auf diese Weise ermittelte Plan-Bezugsgrößenmenge von 1 000 Schalterstunden pro Monat bildet die Grundlage der Kostenplanung, wie sie in Abb. 3 festgehalten wurde.

Die einzelnen Kostenarten wurden in Bezug auf diese 1 000 Schalterstunden analytisch geplant und dabei in die proportionalen und fixen Kostenbestandteile zerlegt. Zu beachten ist, daß die Summe der geplanten Gehaltsstunden (1 570 Stunden pro Monat) deutlich höher liegt, als die geplante Schalterstundenanzahl von 1 000 Stunden pro Monat, die die Bezugsgröße bildet. Dies ist darauf zurückzuführen, daß in dieser Differenz sämtliche Nebenzeiten und Wartezeiten und andere Gemeinkostenzeiten für den Innendienst berücksichtigt werden mußten.

Das Ergebnis dieser Kostenplanung dient einerseits als Grundlage für das Gemeinkosten-Controlling in Form des Soll-Istkosten-Vergleichs, andererseits bilden die Plankostensätze pro Schalterstunde die Brücke für die Weiterverrechnung der Kosten in die Kostenträgerrechnung, d. h. in die Konten- und Kundenkalkulation.

```
BANKHAUS  SCHAUFUSS                              WERK   KOSTENSTELLE BZ
                                                 002    603          1
KOSTENPLANUNG 1987                               DATUM              BLATT
                                                 02.10.86
                                                                      1
```

KOSTENSTELLENANSCHRIFT KASSENSCHALTER HAUPTANSTALT	VERANTWORTLICH HR. KELLER	BEZUGSGRÖSSENANSCHRIFT STANDARD-SCHALTER-STD	PLAN-BZ-MG 1000,0	BZ-BEREICH

PLANKOSTENSÄTZE	GESAMT 62,629	PROP 41,722	FIX 20,907	PLANKOSTEN	GESAMT 62629	PROP 41722	FIX 20907

PLZ	KOART	HW HERKUNFT	TEXT	ME	MENGE	PREIS	GESAMT	PROP	FIX	REL.ZAHL.
101	4111	A8	GEHALT	STD	510,00	18,35	9359	7348	2011	7,35
102		A7	GEHALT	STD	400,00	16,04	6416	5037	1379	5,03
103		A6	GEHALT	STD	660,00	14,62	9649	7574	2075	7,57
109	4998		KALK.PERS.NEBENKOSTEN	SFR	0,00	0,00	23390	18363	5027	18,36
110	4520		BÜROMATERIAL/FORMULARE	SFR	0,00	0,00	250	150	100	0,15
115	4660		INSTANDH.BÜROMASCHINEN	SFR	0,00	0,00	120	0	120	0,00
120	4810	002 x 4810	KALK.AFA	SFR	0,00	0,00	450	0	450	0,00
125	4820	002 x 4820	KALK.ZINSEN	SFR	0,00	0,00	150	0	150	0,00
130	4850	002 121/1	KALK.RAUMKOSTEN	M2	65,00	5,00	325	0	325	0,00
131		002 126/1	KALK.RAUMKOSTEN	M2	180,00	23,00	4140	0	4140	0,00
135	4861	002 321/1	DV-VERRECHNUNG	SFR	0,00	0,00	2180	1050	1130	1,05
140	4870	002 600/1	KALK.LEITUNGSKOSTEN	SFR	0,00	0,00	6200	2200	4000	2,20

Abb. 3: Kostenplanung der Schalterstelle

Die laufende Abrechnung erfordert im ersten Schritt die Ermittlung der Istbezugsgrößenmenge. Dazu ist es erforderlich, die Istverkehrsmengen der einzelnen Tätigkeiten zu erfassen. In Abb. 4 wurden angenommene Istverkehrsmengen für dieses Abrechnungsbeispiel herangezogen, wobei die dargestellten Schwankungen für den Monat Dezember durchaus realitätsbezogen sind. Die Ursachen für die Abweichungen zu den Planwerten (vgl. Abb. 2) sind durch Indices illustriert.

TÄTIGKEITSKATALOG DER SCHALTERSTELLE (AUSZUG)		LEISTUNGS-STANDARD (MIN/STK.)	IST VERKEHRS-MENGE (STK.)	IST BEZUGS-GRÖSSENMENGE (STD.)	KOSTEN-TRÄGER
NR.	BEZEICHNUNG				
111	EINZAHLUNGEN INLAND, HAND-BEARBEITUNG	0,984	15000	246,00	GIROKONTEN
112	EINZAHLUNGEN INLAND, MASCH.-BEARBEITUNG	0,774	3000①	38,70	
115	EINZAHLUNGEN INLAND, TELEGRAFISCH	5,040	150	12,60	
131	EINZAHLUNGEN AUSLAND, IN LANDESWÄHRUNG	2,580	1000②	43,00	
132	EINZAHLUNGEN AUSLAND, IN FREMDWÄHRUNG	4,800	180	14,40	
135	EINZAHLUNGEN AUSLAND, IN FREMDWÄHRUNG, TELEGRAF.	10,980	400②	73,20	
211	AUSZAHLUNGEN EC-SCHECKS, EIGENES INSTITUT	1,650	12000	330,00	
212	AUSZAHLUNGEN EC-SCHECKS, FREMDE INSTITUTE	1,998	6000	199,80	
219	EC-KARTEN AUSHÄNDIGEN	2,400	1800③	72,00	▽
	KTR-ZWISCHENSUMME			1029,70	--------
311	SPAREINLAGEN ENTGEGENNEHMEN	1,968	500④	16,40	SPARKONTEN
312	GUTSCHRIFTEN / ZINSEN EINTRAGEN	1,518	0	0	
321	RÜCKZAHLUNGEN AUS SPARBÜCHERN LEISTEN	2,838	5000④	236,50	
325	RÜCKZAHLUNGEN AUS AUSLÄND. SPARBÜCHERN LEISTEN	4,242	50	3,54	
329	SPARBÜCHER AUSSTELLEN	11,298	20	3,77	▽
	KTR-ZWISCHENSUMME			260,21	
MONAT: DEZEMBER	IST-BEZUGSGRÖSSENMENGE			1289,91	

① : BUCHUNGSMASCHINE DEFEKT   ② : GASTARBEITER   ③ : NEUE SCHECKKARTEN-AUSGABE
④ : WENIGER EINLAGEN, MEHR RÜCKZAHLUNGEN, TYPISCH FÜR DEZEMBER

Abb. 4: Tätigkeitskatalog der Schalterstelle, Istdaten Dezember

Demnach ergeben sich in dem betreffenden Monat gegenüber der Plan-Bezugsgrößenmenge von 1000 Stunden im Ist 1290 Stunden, d. h. ein Beschäftigungsgrad von 1,29, der für den Soll-Istkosten-Vergleich dieses Monats eine wesentliche Bedeutung hat.

Wie Abb. 5 zeigt, werden die proportionalen Plankosten mit diesem Beschäftigungsgrad abgewandelt und die Sollkosten der Kostenstelle den angefallenen Istkosten gegenüberge-stellt. Diese Istkosten sind angenommene Werte. Dabei ist zu beachten, daß die übernom-menen Personalkosten den Stunden der effektiven Anwesenheit entsprechen müssen, die in dieser Kostenstelle geleistet wurden. Auch Teilzeitkräfte, Springer und Versetzungen von anderen Kostenstellen müssen bei der Erfassung der Anwesenheitszeit mit berücksichtigt werden.

Für die Weiterverrechnung der angefallenen Kosten in die Kostenträgerrechnung in Form der Betriebsleistungsrechnung stellt das System die erforderliche Bewertungsmatrix zur Verfügung, wobei hier der Aufteilung nach Plankosten und Abweichungen einerseits sowie nach proportionalen und fixen Kosten andererseits besondere Bedeutung zukommt.

Wie die Abb. 6, ein kurzer Ausschnitt aus der Betriebsleistungsrechnung, zeigt, ist deren Aufgabe die Übertragung der Kosten aus der Kostenstellenrechnung auf die einzelnen Kostenträger, wobei in unserem Beispiel die Schalterkostenstelle ihre Istkosten des Monats, wie sie in Abb. 5 (Soll-Istkosten-Vergleich) ausgewiesen wurden, auf die einzelnen Kosten-träger verteilt. Als Verteilungsmaßstab dient die Ist-Bezugsgröße, die in Abb. 4 errechnet wurde, und zwar dort als Zwischensumme je Kostenträgergruppe ausgewiesen. Durch Mul-tiplikation der jeweiligen Ist-Bezugsgrößenmenge pro Kostenträgergruppe mit den Plan-

bzw. Abweichungskostensätzen ist eine Zuordnung der Istkosten möglich. Zu beachten ist, daß die Fixkosten dabei nicht proportionalisiert, sondern entsprechend dem Aufteilungsverhältnis der Kostenplanung verrechnet werden.

B A N K H A U S S C H A U F U S S			SOLL-ISTKOSTEN-VERGLEICH KASSENSCHALTER HAUPTANSTALT				KST.: VERANTW.:		603 HR. KELLER
K O S T E N A R T E N			IST-① KOSTEN	SOLLKOSTEN			VERBR.- ABWEICHG.		
PLZ	NR.	TEXT		PROP.	FIX	GES.			
101	4111	GEHALT	12.100	9.478	2.011	11.489	611		
102	4111	GEHALT	8.200	6.497	1.379	7.876	324		
103	4111	GEHALT	8.800	9.770	2.075	11.845	3.045 -		
109	4998	KALK.PERS.-NEBENK.	26.772	23.687	5.027	28.714	1.942 -		
110	4520	BÜROMAT./FORMUL.	1.200	193	100	293	907		
115	4660	INSTANDH.BÜROMASCH.	380	0	120	120	260		
120	4810	KALK. ABSCHREIBUNG	450	0	450	450	0		
125	4820	KALK. ZINSEN	150	0	150	150	0		
130	4850	KALK. RAUMKOSTEN	325	0	325	325	0		
131	4850	KALK. RAUMKOSTEN	4.140	0	4.140	4.140	0		
135	4861	DV-VERRECHNUNG	2.800	1.354	1.130	2.484	316		
140	4870	KALK. LEITUNGSKST.	6.838	2.838	4.000	6.838	0		
G E S A M T K O S T E N			72.155	53.817	20.907	74.724	2.569 -		
B E Z U G S G R Ö S S E N			B E Z U G S G R Ö S S E		BESCH.GRAD		PROP.KOSA		
KZ		ART	IST	PLAN	MO.	KOM	PLAN	IST	
1		STANDARD-SCHALTER-STD.	1.289,91	1.000,00	128,99	105,33 ①	41.722	39.730 ②	

①: ANNAHMEN

②: PROP. ISTKOSTENSATZ = $\dfrac{\text{ISTKOSTEN} - \text{FIXE PLANKOSTEN}}{\text{IST-BEZUGSGRÖSSE}} = \dfrac{72.155 - 20.907}{1289,91} = \underline{\underline{39.730}}$

BEWERTUNGSMATRIX FÜR BETRIEBSLEISTUNGSRECHNUNG:

	PLAN	ABW.
PROP.	41.722	1.992 -
FIX	20.907	③

③: KEINE PROPORTIONALISIERUNG VON FIXKOSTEN

Abb. 5: Soll-Istkosten-Vergleich der Schalterstelle

BETRIEBSLEISTUNGSKOSTEN		KTR 1: GIROKONTEN		KTR 2: SPARKONTEN		KTR N:..........		KTR-SUMME	
LEISTENDE ·KOSTENSTELLEN		BETRIEBSKOSTEN D. MONATS		BETRIEBSKOSTEN D. MONATS		BETRIEBSKOSTEN D. MONATS		BETRIEBSKOSTEN D. MONATS	
NR.	BEZEICHNUNG	MATRIX	SUMME	MATRIX	SUMME	MATRIX	SUMME	MATRIX	SUMME
.....	.... PLANKOSTEN PROP. PROP.ABW. FIXKOSTEN SUMME								
603/1	KASSENSCHALTER HAUPTANST. ① PLANKOSTEN PROP. ② PROP. ABW. ③ FIXKOSTEN SUMME	42.961 2.051 - 15.262 56.172		10.856 518 - 5.645 15.983				53.817 2.569 - 20.907 72.155	
.....	.... PLANKOSTEN PROP. PROP. ABW. FIXKOSTEN SUMME								

① : ISTBEZUGSGRÖßENMENGE JE KTR X PROP. PLANKOSTENSATZ
② : ISTBEZUGSGRÖßENMENGE JE KTR X PROP. ABWEICHUNGS-KOSTENSATZ
③ : PLANBEZUGSGRÖßENMENGE JE KTR X FIXEN PLANKOSTENSATZ

ACHTUNG: AUSBAU ZUR PRIMÄRKOSTENRECHNUNG (PARTIELLE KOSTENSÄTZE) DURCH ERWEITERUNG DES MATRIX MÖGLICH.

Abb. 6: Betriebsleistungsrechnung

74

Aus denselben Basiszahlen der Kostenstellenrechnung kann eine Stückkostenrechnung in Form der Plankalkulation fallweise erstellt werden, um besondere strategische Überlegungen zu untermauern.

PLANKALKULATION FÜR 1 SPARBUCH, JÄHRLICHE KOSTEN		LEISTENDE		EINSATZ-FAKTOR	LEISTUNGS-STANDARD	UMW.-FAKTOR	PROP. PLAN-	GRENZ-KOSTEN
VORGANGS-NUMMER	VORGANGS-TEXT	KOST.STELLE	BG				KOSA	
010	SPARBUCH-ERÖFFNUNG (Ø LAUFZEIT: 6 JAHRE)	603	1	0,17	11,298 ③	60	41,72	1,335
015	KONTEN-ERÖFFNUNG	805 ①	1	0,17	11,314	60	35,00	1,122
020	EINZAHLUNG BAR	603	1	8	1,968 ③	60	41,72	10,947
025	BUCHUNG	910 ②	1	8	1,000	1	0,05	0,400
030	GUTSCHRIFT UNBAR	805	1	4	0,010	60	35,00	0,023
035	BUCHUNG	910	1	4	0,100	1	0,05	0,020
040	AUSZAHLUNG BAR	603	1	3	2,838 ③	60	41,72	5,920
045	BUCHUNG	910	1	3	1,000	1	0,05	0,150
050	ÜBERWEISUNG UNBAR	805	1	2	0,035	60	35,00	0,041
055	BUCHUNG (DATENTRÄGER-AUSTAUSCH)	910	1	2	1,000	1	0,05	0,100
060	ZINSGUTSCHRIFTEN	603	1	1	1,518 ③	60	41,72	1,056
065	BUCHUNG	910	1	1	1,000	1	0,05	0,050
090	AUFLÖSUNG	603	1	0,17	11,298 ③	60	41,72	1,335
095	KONTEN-ABSCHLUSS	805	1	0,17	2,300	60	35,00	0,228
								22,727

① : KOST.-STELLE 805/1 - KUNDENBUCHHALTUNG, PROP. KOSTENSATZ 35,- FR./STD. (GESCHÄTZT)
② : KOST.-STELLE 910/1 - DATENVERARBEITUNG, PROP. KOSTENSATZ 0,05 FR./TRANSAKTION (GESCHÄTZT)
③ : SIEHE AUCH LEISTUNGSSTANDARDS

Abb. 7: Stückkostenrechnung für ein Sparbuch

In diesem Beispiel wurden die jährlichen Kosten eines Sparbuches, wie sie im betrieblichen Bereich anfallen, ermittelt. Die Wertkomponente wurde dabei noch nicht berücksichtigt.
Die Kosten eines Sparbuches ergeben sich aus der prozeßkonformen Aneinanderreihung der einzelnen Tätigkeiten laut Tätigkeitskatalog (siehe Abb. 2).
Sie werden mit den entsprechenden Einsatzfaktoren abgewandelt. So ist die Vorgangsnummer 010, die Eröffnung des Sparbuches, auf eine durchschnittliche Laufzeit von 6 Jahren zu verteilen, so daß mit einem Einsatzfaktor von 0,17 gerechnet werden muß. Die Anzahl der jährlichen Kontenbewegungen ist angenommen. Wichtig ist, daß für die ausführende Schalterkostenstelle 603 die Leistungsstandards aus dem Katalog (siehe Abb. 2) übernommen werden, die übrigen Standards stellen Schätzwerte dar. Ebenso ist der proportionale Kostensatz für die Schalterkostenstelle 603 aus der Kostenplanung (siehe Abb. 3) abzuleiten. Die Kosten eines Vorganges errechnen sich daher nach der Formel:

$$\frac{\text{Leistungsstandard} \times \text{prop. Plankostensatz} \times \text{Einsatzfaktor}}{\text{Umwandlungsfaktor}}$$

Demnach betragen die Plankosten des Sparbuches in dem genannten Beispiel Fr. 22,727 pro Jahr, wobei eine Analyse dieser Plankalkulation ergibt, daß Bareinzahlungen (Vorgang

020, 025) ca. 50 % der jährlichen Kosten eines Sparbuches verursachen. Gezielte Marketing-Maßnahmen könnten nun die Umwandlung der Bareinzahlungen in unbare bewirken, so daß die Kosten des Sparbuches durch entfallende Vorgänge (020, 025) bzw. durch hinzunehmende Vorgänge (030, 035) sich auf ca. die Hälfte reduzieren lassen könnten.

Während nach den bisher dargestellten Verfahren das Gemeinkosten-Controlling (durch den Kostenstellen-Soll-Ist-Vergleich) und das Produktkosten-Controlling (durch die Stückkostenrechnung) mit den entsprechenden Daten versorgt werden können, eignet sich für das Ergebnis-Controlling die stufenweise Deckungsbeitragsrechnung.

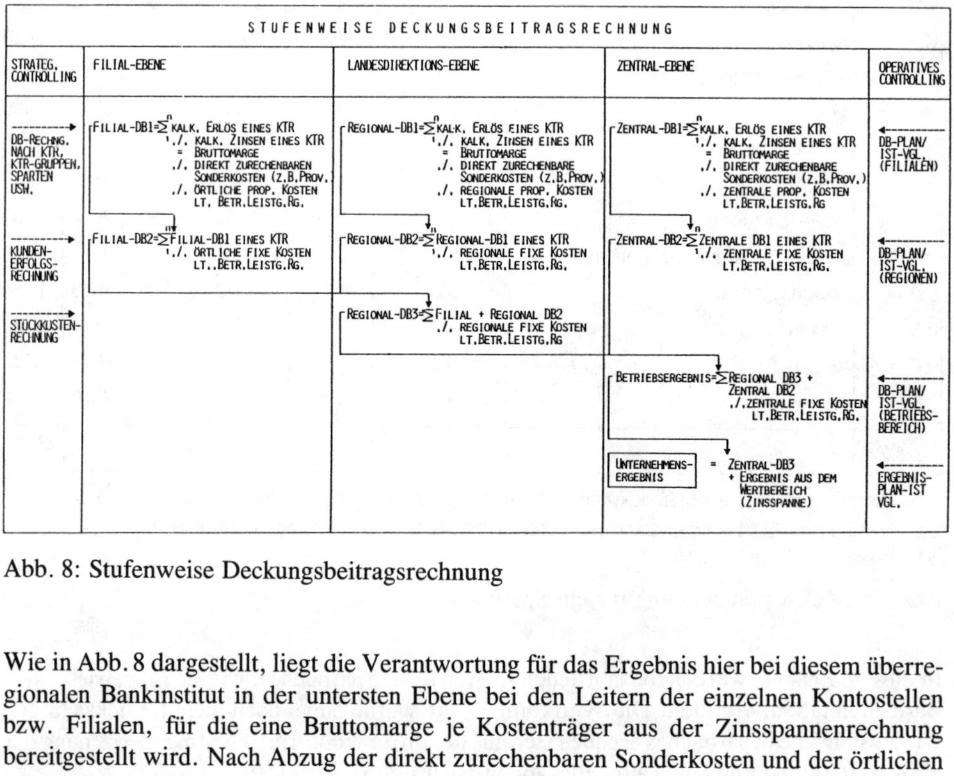

Abb. 8: Stufenweise Deckungsbeitragsrechnung

Wie in Abb. 8 dargestellt, liegt die Verantwortung für das Ergebnis hier bei diesem überregionalen Bankinstitut in der untersten Ebene bei den Leitern der einzelnen Kontostellen bzw. Filialen, für die eine Bruttomarge je Kostenträger aus der Zinsspannenrechnung bereitgestellt wird. Nach Abzug der direkt zurechenbaren Sonderkosten und der örtlichen proportionalen Kosten laut Betriebsleistungsrechnung, gewinnt man den Deckungsbeitrag der einzelnen Kostenträger auf der Filialebene. Direkte Leistungen anderer Stellen (z. B. bei zentraler Abwicklung des Zahlungsverkehrs) müssen durch den Ansatz entsprechender Plankosten aus der Kostenträgerstückrechnung berücksichtigt werden.

Für das kurzfristige operative Controlling ist der Plan-Ist-Vergleich der Deckungsbeiträge der einzelnen Filialen, nach Abzug der örtlichen Fixkosten, die wichtigste Grundlage. Aus diesen Bausteinen lassen sich im Rahmen des strategischen Controlling fallweise Kundengruppen-Erfolgsrechnungen erstellen bzw. durch Stückkostenrechnungen gezielte Problembereiche analysieren.

Auf der nächsten Ebene wird das Geschäftsvolumen der Landesdirektionen und der Zentralbereiche in einer ähnlichen Grundrechnung dargestellt. Die Ergebnisse werden mit den aggregierten Ergebnissen der einzelnen Filialen zum Regionaldeckungsbeitrag 3 bzw. mit den Summenergebnissen aller Landesdirektionen zum gesamten Betriebsergebnis zusammengeführt. In jeder Ebene sind Plan-Ist-Vergleiche vorgesehen.

Aufbau und Durchführung:

Der Aufbau eines solchen geschlossenen Systems des innerbetrieblichen Rechnungswesens, als Grundlage für ein effizientes Controlling, soll anhand eines Fallbeispieles aus der Praxis illustriert werden:

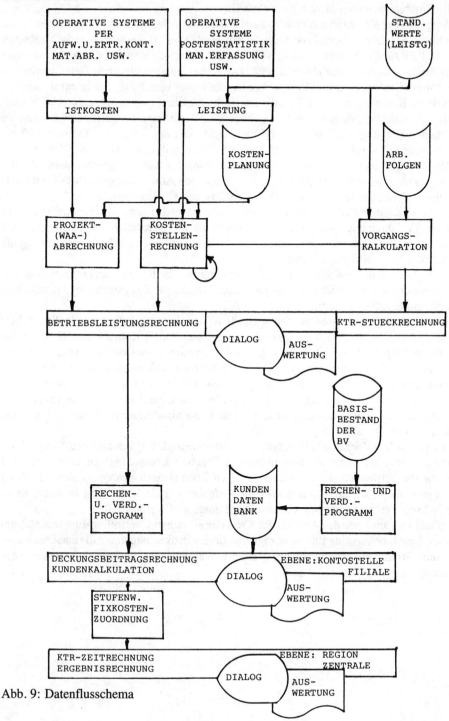

Abb. 9: Datenflussschema

77

Diese Darstellung der Systemstruktur zeigt den Datenfluß von der Kostenartenrechnung über die Kostenstellen- und Projektabrechnung zur Betriebsleistungsrechnung und Kostenträgerzeitrechnung. Die Kostenträgerstückrechnung ist in diesem Beispiel nicht in den laufenden Zahlenfluß eingebunden, da sie hier nur für fallweise Auswertungen vorgesehen und für die Ergebnisrechnung nicht erforderlich ist.

Die Aufgaben der Kostenartenrechnung bestehen aus der zeit- und periodengerechten sowie plausibilitätsgeprüften Übernahme der Istkosten aus den vorgelagerten Basisarbeitsgebieten wie z. B. PER für die Personalkosten, MAT für die Materialkosten und der Aufwands- und Ertragskonten aus der Finanzbuchhaltung. Die lückenlos abgestimmten Daten werden in der Kostenstellenrechnung und Projektabrechnung weiter verarbeitet, nachdem sie um kalkulatorische Kostenarten, wie z. B. kalkulatorische Abschreibungen, ergänzt worden sind.

Aus den ebenfalls vorgelagerten Arbeitsgebieten der Verkehrsmengenerfassung müssen die monatlichen Leistungsdaten (aus der Postenstatistik oder aus manuellen Erfassungen) für alle primären und direkten sekundären Kostenstellen bereitgestellt werden. Diese werden mit den Daten der Kostenplanung zur Sollkostenrechnung zusammengeführt, denen die Istkosten gegenübergestellt werden, was zum Ausweis von Abweichungen führt (Kostenstellen-Soll-Ist-Vergleich als Instrument des Gemeinkosten-Controlling).

Nachdem im Rahmen der innerbetrieblichen Leistungsverrechnung in einem mehrstufigen iterativen Verfahren alle Kosten der sekundären (Hilfs-) Kostenstellen auf primäre (Haupt-) Kostenstellen verrechnet wurden, entleeren sich diese in die Betriebsleistungsrechnung als Vorstufe der Kostenträgerrechnung.

Diese ist unterteilt in die Kostenträgerstückrechnung und die Kostenträgerzeitrechnung mit den Instrumenten der Betriebsleistungsrechnung, Deckungsbeitragsrechnung, Kundenkalkulation und Ergebnisrechnung.

Während die Kostenträgerstückrechnung als Plan- oder Vorgangskalkulation in diesem Beispiel nur statistisch außerhalb des geschlossenen Datenflußes, insbesondere für fallweise strategische Fragestellungen, herangezogen wird, übernimmt die Kostenträgerzeitrechnung die in der Kostenstellenrechnung und Projektabrechnung aufbereiteten Daten und teilt sie den einzelnen Kostenträgern verursachungsgerecht zu. In einem getrennten Schritt übernimmt sie aus ebenfalls vorgelagerten Basisdatenbeständen die dort verbuchten Erlöse, teilt diese ebenfalls den Kostenträgern zu und stellt die Ergebnisse dieser Rechnung in Form von Deckungsbeiträgen zur Verfügung.

Um diese Ziele (Vorgangskalkulation als Instrument des Produktkosten-Controlling, Deckungsbeitragsrechnung als Instrument des Ergebnis-Controlling) zu erreichen, sind nicht nur die betrieblichen Kostendaten in allen Ebenen nach proportionalen und fixen Kosten getrennt zu führen, sondern auch die Aufgaben der Erlöszuteilung zu lösen, wozu das bewährte Verfahren der Marktzinsmethode eingesetzt werden sollte.

So schließt sich am Ende des Ablaufs der Kreis der einzelnen Controlling-Instrumente, um in dieser Zusammenfassung für ein ertragsorientiertes Bankmanagement die entscheidungsrelevanten Grundlagen sowohl von der Wertkosten- als auch von der Betriebskostenseite her zu bieten.

Literaturverzeichnis:

Kilger W.,   Flexible Plankostenrechnung und Deckungsbeitragsrechnung,
                    8. Auflage, Wiesbaden 1981

Plaut H. G.,   Die Grenzplankostenrechnung, ZfB 1953,
                    Seite 347 ff, Seite 402 ff

Riebel P.,   Einzelkosten- und Deckungsbeitragsrechnung,
                    5. Auflage, Wiesbaden 1985

Schierenbeck H.,   Ertragsorientiertes Bankmanagement,
                    Wiesbaden 1985

Vikas K.,   Controlling im Dienstleistungsbereich mit Grenzplankostenrechnung,
                    Wiesbaden 1988

Betriebskosten-Controlling auf der Basis von Standard-Einzelkosten in Genossenschaftsbanken

EGON WOLFGANG BECHTEL*

1. Betriebskosten-Controlling – Element eines geschlossenen Bank-Controlling-Systems

Zeitgemäße Systeme der operativen Banksteuerung beinhalten die Komponenten „Finanz-Controlling" (als Instrument der Ertragssteuerung) und „Marketing-Controlling" (als Mittel zur Steuerung des Markt-, Kunden- und Produktpotentials). Beide Systeme beruhen auf einer einheitlichen Datenbasis: auf Abschluß und Bestand sowie Kalkulation der Einzelgeschäfte (Wertprodukte, Dienstleistungsprodukte, Vermittlungsgeschäfte).

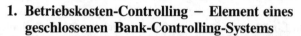

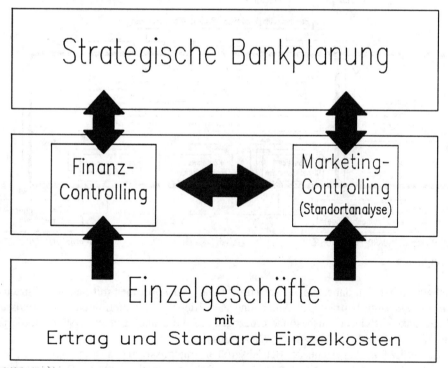

Abbildung 1:

* Mitglied des Vorstandes der Rechenzentrale Bayerischer Genossenschaften eG und Hauptgeschäftsführer der ProGENO Anwendungssysteme der Informationsverarbeitung GmbH

Finanz- und Marketing-Controlling betrachten den gleichen Unternehmensgegenstand aus unterschiedlicher Sicht; beiden ist indessen die Aggregation der Einzelgeschäfte zu Kunden und Kundengruppen, zu Produkten und Produktgruppen, zu Beratern und Geschäftsstellen gemeinsam. So gesehen, ergänzen sich Finanz- und Marketing-Controlling; sie stellen den bankinternen Datenkranz der strategischen Bankplanung zur Verfügung, aus der wiederum Zielgrößen in die operativen Verfahren fließen.

Ein die heutigen Steuerungserfordernisse erfüllendes Finanz-Controlling-Verfahren ermittelt mit Hilfe der Marktzins-Methode das Wertergebnis (Teilzinsspanne) jedes einzelnen Kundengeschäfts. Die Erträge der jeweiligen Dienstleistungs- und Vermittlungsgeschäfte sind vom einzelnen, auf das Kundenkonto kontierten Abrechnungsbeleg zu gewinnen. Konsequenterweise müssen auch die vom Einzelgeschäft verursachten Betriebskosten dem gleichen Prinzip folgen. Denn dies ermöglicht, alle erfolgsbeeinflussenden Faktoren nach einem einheitlichen, durchgängigen Verfahren am einzelnen Kundengeschäft zu erfassen und zur Kundenkalkulation, Produktkalkulation, Geschäftsstellenkalkulation zu verdichten.

Vor diesem Hintergrund ist das Betriebskosten-Controlling − als Element ertragsorientierter Steuerung − eingebettet in ein einheitliches System der Bankkalkulation.

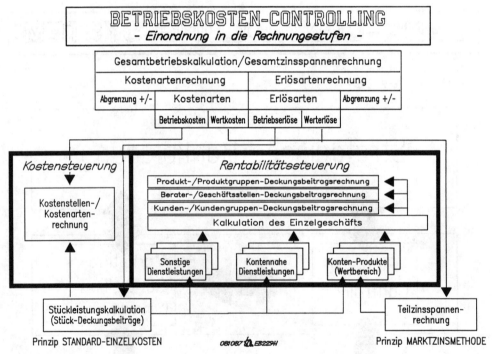

Abbildung 2:

Methodisch hat sich dabei die Teilkostenrechnung − das Rechnen mit Standard-Einzelkosten und Deckungsbeiträgen in Anlehnung Paul Riebel − als zielführend für Genossenschaftsbanken erwiesen, insbesondere bezogen auf die grundlegenden Systemanforderungen: Wirtschaftlichkeit, Akzeptanz, Wachstumspfad.

Wirtschaftlichkeit: Angesichts der Betriebsgrößenverhältnisse im genossenschaftlichen Bankenverbund ist eine vernünftige Kosten-Nutzen-Relation, so die einmalige Datengewinnung bei mehrfacher Auswertung, vor allem aber minimaler Personalaufwand bei maximaler DV-Unterstützung, sicherzustellen.

Mitarbeiter-Akzeptanz: Hier sind die Nachvollziehbarkeit der Teilergebnisse zum Gesamt-ergebnis, die Abstimmbarkeit mit der Finanzbuchhaltung und eine verursachungsgerechte Kostenzuordnung hervorzuheben. Im übrigen muß das Verfahren so angelegt sein, daß die Bankmitarbeiter in den Planungs-, Kontroll- und Steuerungsprozeß einbeziehbar sind.

Wachstumspfad: Es muß der kurzfristige Einstieg in die Bankkalkulation über vereinfachte Verfahren (die für untere und mittlere Betriebsgrößen weitestgehend ausreichend sind) sichergestellt sein. Schrittweise Einführung und Übung am Objekt sind der sogenannten „Bombenschlag-Theorie" vorzuziehen.

2. Betriebswirtschaftliche Implementierung

Es wurden zwei Verfahren entwickelt: *Rentabilitätssteuerung* und *Kostensteuerung*.

Unter dem Gesichtspunkt des Betriebskosten-Controlling faßt die Rentabilitätssteuerung die direkt einem Einzelgeschäft zurechenbaren Betriebskosten summarisch über die einzelnen Arbeitsprozesse (Kostenstellen) hinweg zusammen. Dieses Verfahren kann als erste Schwel-le der Bankkalkulation oder bereits als (vorläufig) ausreichendes Verfahren für die Großzahl der Genossenschaftsbanken gewertet werden.

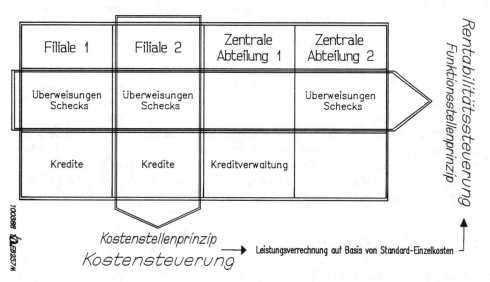

Abbildung 3:

Das Verfahren „*Kostensteuerung*" ermöglicht zusätzlich gezielte Kostenbetrachtungen auf der Ebene der Organisationseinheiten (Kostenstellen). Dabei kommt man in einem verein-fachten Vorgehen, das auch für große Genossenschaftsbanken zweckdienlich ist, ohne eigentliche Kostenstellenrechnung aus.

Charakteristik der Rentabilitätssteuerung

Kostenrechnerischer Ausgangspunkt der Rentabilitätssteuerung ist das Funktionsstellenprinzip. Das bedeutet: Es wird ein Vorgang oder Transaktionsprozeß im horizontalen Durchlauf durch die Bank *insgesamt* betrachtet (vgl. Abb. 3). Die hieraus resultierenden, direkt zurechenbaren Betriebskosten werden dem verursachenden Einzelgeschäft in Form von Standard-Einzelkosten (z. B. einem Zahlungsverkehrsvorgang) zugeordnet. Die Standard-Einzelkosten selbst werden auf der Grundlage von Leistungsverrechnungsgrößen (vgl. hierzu Ausführungen unten) gewonnen.

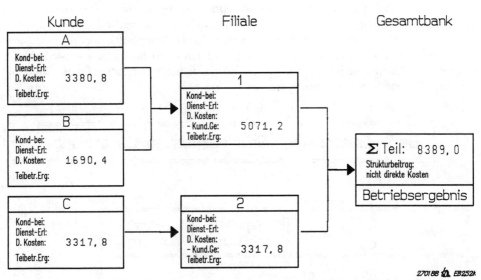

Abbildung 4:

Als Ergebnis entsteht in Form der Deckungsbeitragsrechnung u. a. eine Darstellung der auf das Kundengeschäft verrechneten Betriebskosten (vgl. Abb. 4). Kostenanalyse-Möglichkeiten bestehen nur auf Gesamtbankebene. Dabei sind die Restkosten (= Kosten ./. auf die Kundengeschäfte verrechnete Kosten) als Beschäftigungsabweichung auf Gesamtbankebene zu interpretieren.

Charakteristik der Kostensteuerung

Ausgangspunkt ist hier das Kostenstellenprinzip; es erfolgt *zusätzlich* eine vertikale Betrachtung (vgl. Abb. 3). Genauer: Für jede an einem Vorgang beteiligte Organisationseinheit (Prozeßstufe) werden die Standard-Einzelkosten isoliert ermittelt. Die Verrechnung der Standard-Einzelkosten erfolgt differenziert nach Organisationseinheiten / Kostenstellen (vgl. hierzu auch Abb. 5). Dem Einzelgeschäft wird die Summe der aus dem Leistungserstellungsprozeß resultierenden Kosten für die Zwecke der Rentabilitätssteuerung zugerechnet.

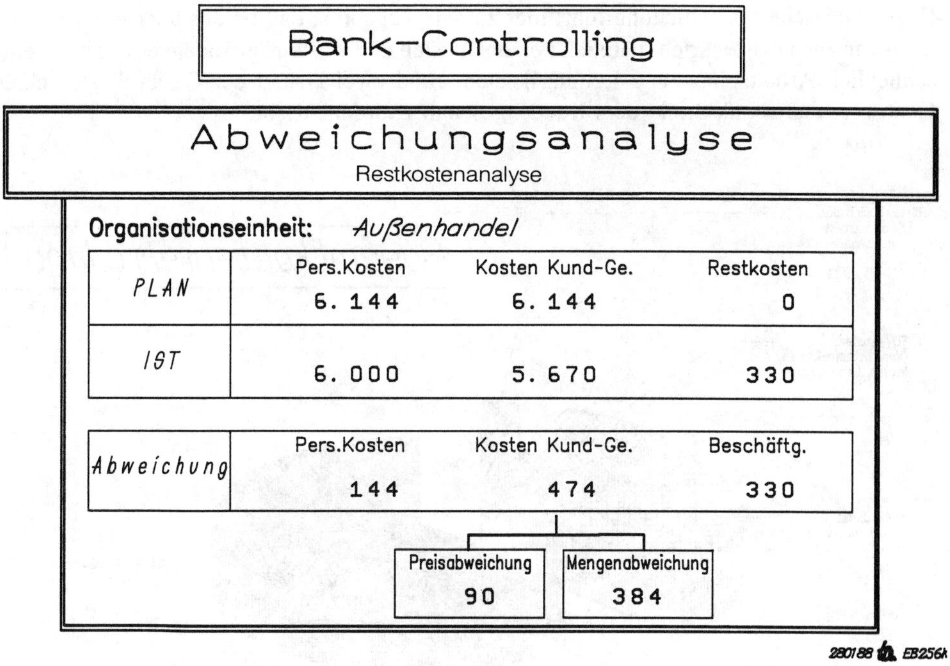

Abweichungsanalyse
Restkostenanalyse

Organisationseinheit: *Außenhandel*

PLAN	Pers.Kosten	Kosten Kund-Ge.	Restkosten
	6. 144	6. 144	0
IST	6. 000	5. 670	330

Abweichung	Pers.Kosten	Kosten Kund-Ge.	Beschäftg.
	144	474	330

Preisabweichung	Mengenabweichung
90	384

280188 EB256

Abbildung 5:

Die Kostenanalyse kann in differenzierter Weise vorgenommen werden: Plan-Ist-Abweichungen lassen sich auf der Ebene der Organisationseinheiten betrachten (Budgetierung oder Mengen- und Preisplanung bzw. vereinfacht Standardkostenfixierung vorausgesetzt); die Restkostenanalyse einer Kostenstelle macht die Abweichungsursachen − etwa beschäftigungsbedingte, preisbedingte, mengenbedingte Abweichungen − transparent (vgl. Abb. 5).

Bestimmung der Leistungsverrechnungsgrößen

In Anlehnung an Henner Schierenbeck wurde der im folgenden skizzierte Verfahrensablauf festgelegt:
Schritt 1: Definition aller Kunden-relevanten Arbeitsabläufe (bezogen auf personelle und elektronische Leistungen) zur Beantwortung der Frage, welche Organisationseinheiten mit welchen Arbeitsplatzgeräten an welchen Prozessen beteiligt sind.
Hierbei kann in der Regel auf vorhandene Unterlagen zurückgegriffen werden. Besonderheit: Elektronische Leistungen wurden als Quasi-Organisationseinheit behandelt.
Schritt 2: Festlegung der Standardbearbeitungszeiten für personelle und elektronische Leistungen pro an einem Arbeitsprozeß beteiligter Organisationseinheit.
Im Interesse einer raschen Umsetzbarkeit wird hierbei auf im genossenschaftlichen Bankenverbund vorhandenes Zahlenmaterial (Personalbedarfsrechnung, bezogen auf die durchschnittliche Soll-Produktivität einer Betriebsgrößengruppe) zurückgegriffen.
Schritt 3: Feststellung der dem einzelnen Kundengeschäft direkt zurechenbaren Betriebskosten.

Eine empirische Untersuchung führt hier zu dem Ergebnis, daß bereits über die Verrechnung von zwei Kostenarten, nämlich Personalkosten und Kosten der Datenverarbeitung einschließlich Arbeitsplatz- und Leitungskosten, rund zwei Drittel der Gesamtkosten einer Genossenschaftsbank direkt dem Kundengeschäft zuordenbar sind.

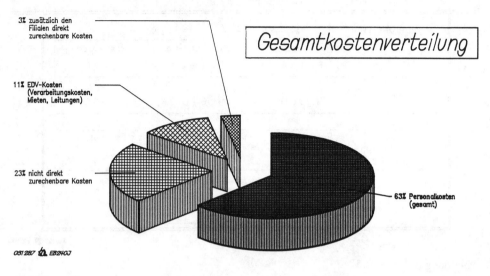

Abbildung 6:

Da diese Kostenarten über vorgelagerte Rechnungssysteme (Personalverwaltung, Anlagenbuchhaltung, Abrechnungsverfahren der genossenschaftlichen Rechenzentralen) bereits elektronisch nach Kostenstellen aufbereitet sind, erübrigt sich im allgemeinen eine herkömmliche Kostenstellenrechnung. Will man indessen weitere Sachkosten, wie Raummieten, Telefon, Bewirtung usw. auf der Kostenstellen-Ebene erfassen, ist ein solches Abrechnungsverfahren unumgänglich. Es stellt sich allerdings die Frage nach der Kosten-Nutzen-Relation. Denn hier zeigte die erwähnte Untersuchung, daß beispielsweise im Filialbereich lediglich weitere 3 %-Punkte hinzukommen, was angesichts der Meßlatte „Deckungsbeiträge" ohne sonderlichen Erkenntniswert bleibt.
Schritt 4: Errechnung des Einzelkosten-Faktors je Zeiteinheit.
Diese Rechnung erfolgt sowohl für personelle, als auch elektronische Leistungen (letzteres, soweit nicht auf Transaktionspreise zurückgegriffen werden kann). Indem die direkt zurechenbaren instituts-individuellen Kosten durch die verfügbare Normalarbeitszeit einer Organisationseinheit dividiert werden, erhält man den Verrechnungspreis pro Zeiteinheit. Es wird jeweils von Vollauslastung ausgegangen.
Schritt 5: Ermittlung der Zeitverbrauchsmenge pro Prozeßstufe bzw. Gesamtprozeß.
Hier wird die jeweilige Standard-Bearbeitungszeit pro Prozeß (Rentabilitätssteuerung) bzw. pro Prozeßstufe (zusätzlich für Kostensteuerung) mit den angefallenen Mengen multipliziert; dabei basiert die Verrechnung auf differenzierten Bezugsgrößen (vgl. Abb. 7).
Schritt 6: Aus der Multiplikation der Zeitverbrauchsmengen mit den entsprechenden einzelnen Kostenfaktoren entstehen als Ergebnis die Standard-Einzelkosten je Prozeßstufe und durch Addition der Stufen eines Prozesses die Standard-Einzelkosten des Vorgangs bzw. Einzelgeschäfts.

86

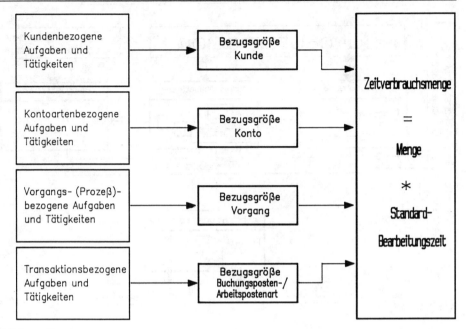

Abbildung 7:

3. Technisch-organisatorische Implementierung

Die betriebswirtschaftlichen Ziele und Anforderungen an ein einfach handhabbares, in weitem Maße automatisiertes Betriebskosten-Controlling erfordern eine umfassende technisch-organisatorische Infrastruktur. Dazu gehören: Ausbau und Ergänzung der Operativen Systeme, Aufbau von Prozeßsteuerungs- und Informationssystemen.

Operatives System

Die kunden- und kontenbezogenen Produktionsdatenbanken sind durch sogenannte Mengensegmente zu erweitern. Nur so können die vielfältigen Arten von Arbeitsmengen gespeichert werden wie zum Beispiel Daten
– des in- und ausländischen Zahlungsverkehrs,
– des dokumentären Auslandsgeschäfts,
– der Wertpapiervermittlung,
– der Transaktionen aus dem Bereich des kontenbezogenen Wertgeschäfts, sowie
– der Büroprozesse zusammenhängend mit beispielsweise Neu-Krediten, Kredit-Prolongationen, Kredit-Überwachungen, Anlage- oder Baufinanzierungsberatungen usw.
Dabei kommt es darauf an, daß diese Mengenarten möglichst weitgehend maschinell gewonnen und eingespeist werden. Problemlos – weil heute weitgehend vorhanden – sind die unmittelbar aus der Kontoführung resultierenden Transaktionen zu gewinnen. Gleiches trifft in hohem Maße zu für Großrechner-gestützte Beratungsprogramme. Zuträgerdienste werden indessen erst Belegdatenbanken und Systeme der Büroautomation in Zukunft zu leisten in der Lage sein.

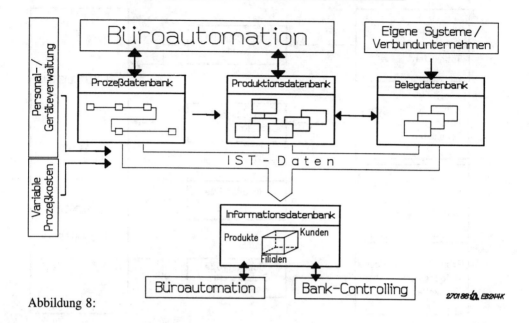

Abbildung 8:

Belegdatenbanken

Belegdatenbanken haben eine zweifache Aufgabe: Zum einen liefern sie Aufwand und Ertrag von Einzelgeschäften, bei denen der (elektronische) Abrechnungsbeleg die kleinste Einheit darstellt, beispielsweise Wertpapierabrechnungen, Versicherungsinkassi. Zum anderen speisen sie die Mengensegmente im operativen Verarbeitungssystem.

Die Verknüpfung dieser Dienstleistungsprodukte zum jeweiligen Kunden erfolgt über die in jeder Abrechnung enthaltene Kontonummer.

Prozeßdatenbank

Abgesehen von den Aufgaben der Steuerung und Kontrolle elektronischer Prozeßverarbeitung übernimmt die Prozeßdatenbank im Rahmen des Betriebskosten-Controlling eine zentrale Rolle. Denn sie beschreibt alle Arbeitsabläufe (Funktionsstellen) und die jeweils an der Leistungserstellung beteiligten Organisationseinheiten. Sie beinhaltet die Standard-Bearbeitungszeiten – im einfachen Falle für die einzelnen Arbeitsabläufe insgesamt (Mindestanforderung der Rentabilitätssteuerung) – oder im ausgebauten Falle die Bearbeitungszeiten pro Prozeßstufe, also pro beteiligter Kostenstelle eines Arbeitsablaufs (Anforderung der Kostensteuerung).

Vorgelagerte Abrechnungssysteme steuern die zur Verrechnung am Einzelgeschäft gelangenden Kostenarten (Geräte- und Leitungskosten, Personalkosten, DV-Kosten) und verfügbare Arbeitszeiten – im ausgebauten Falle je Kostenstelle – zu. Mit anderen Worten: Die Leistungsverrechnungsgrößen – wie in Abschnitt 2 beschrieben – sind auf diese Weise in Form von Standard-Einzelkosten letztendlich voll-maschinell zu ermitteln.

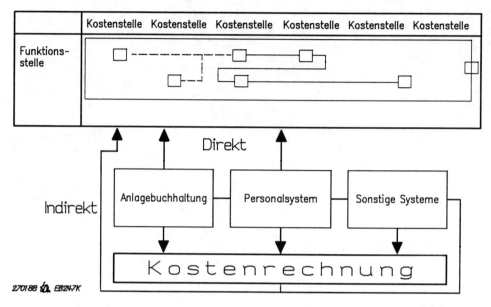

Abbildung 9:

Informationsdatenbank

Die Informationsdatenbank stellt die einheitliche Datenbasis für Finanz- und Marketing-Controlling dar. Sie nimmt die bewerteten Ergebnisse aus dem Wertgeschäft, dem Dienstleistungsgeschäft und aus dem Betriebskosten-Controlling auf. Sie bildet grundsätzlich die Einzelgeschäfte mit deren Beständen, Ertrags- und Kosten-Informationen ab. Auf dieser Grundlage werden beliebige mehrdimensionale Auswertungskombinationen über die Eckpfeiler Produkte, Kunden, Berater, Geschäftsstellen in Form von Deckungsbeitragsrechnung / Profitcenter-Rechnung und Margenkalkulationen auf wirtschaftliche Weise möglich.

4. Prozeß des Betriebskosten-Controlling

Der Controlling-Regelkreis im Sinne von Planung, Steuerung und Kontrolle konkretisiert sich im Rahmen der Planung in einem Leistungsbudget (Mengenbudget) und in einem Wertbudget (Kosten) sowie in einer nach den gleichen Grundsätzen ablaufenden Ist-Auswertung. Die Kontrolle wird im Ideal als Selbst-Kontrolle angestrebt. Standardisierte Unterlagen in Form von Soll-Ist-Vergleichen mit Ursachenanalysen (Restkostenanalyse), Zeitvergleichen und Geschäftsstellenvergleichen bieten hierfür ein geeignetes Instrumentarium.

In diesem Sinne versteht sich auch die Steuerung primär als Selbststeuerung. Sofern die Einsicht zum konkreten Handeln nicht vorhanden sein sollte, bildet die Ursachenanalyse eine ideale Grundlage für Gespräche mit Kostenverantwortlichen.

Erfahrungen beim Aufbau der Einzelkundenkalkulation im Haus Merck, Finck & Co.

WALTER DUTSCHKE /
HEINRICH HABERKORN*

1. Vorbemerkungen

Vor etwa zweieinhalb Jahren erschien ein Bericht der Autoren über das „Führungs-, Informations- und Steuerungssystem einer Privatbank" in der Zeitschrift „Die Bank".[1] Im Klappentext dieses Aufsatzes heißt es erläuternd, daß die Erfahrungen und Erkenntnisse beim Aufbau der Informations- und Steuerungs*konzeption* geschildert werden. In der Tat war die Konzeption damals weitgehend abgeschlossen, was fehlte, war die Umsetzung dieses Systems (die „Realisierung") einschließlich der Implementierung im Haus.

Das Steuerungssystem einer Bank − wie das jeden anderen Unternehmens − ist sicherlich nie als vollständig abgeschlossen zu betrachten. Dies gilt ohne Einschränkung auch für das „FIS" (= Führungs-, Informations- und Steuerungssystem) von Merck, Finck & Co. Mittlerweile läuft die Einzelkundenkalkulation jedoch seit einem Jahr vollständig auf EDV, und die auf der Einzelkundenkalkulation aufbauenden Informationsinstrumente (Gruppenkalkulation, Bankergebnisrechnung) sind weitgehend fertiggestellt.

Dies wird nun zum Anlaß genommen, einen Erfahrungsbericht zum Aufbau der Kundenkalkulation zu geben, und zwar gesondert nach den jeweiligen Projektschritten. Selbstverständlich ist es auch ein Ziel dieses Berichts, ein entsprechendes Echo von anderen Banken zu bekommen − und es sind nicht wenige Banken, die sich derzeit mit diesem Thema befassen. Im folgenden wird die erwähnte frühere Veröffentlichung als Basisinformation vorausgesetzt; Ziele und Aufbau des FIS, die Inhalte von Verrechnungspreisverfahren und Stückkostenrechnung etc. werden, um Redundanzen so weit wie möglich (bzw. sinnvoll) zu vermeiden, hier nicht noch einmal erläutert. Gegenüber dem damaligen Stand haben sich übrigens nicht nur die Grundzüge des Konzepts *nicht* geändert.

Zum besseren Verständnis des Nachfolgenden einige Worte zu Merck, Finck & Co.: Es handelt sich um eine der größeren Privatbanken in der Bundesrepublik mit einer Bilanzsumme per Ende 1987 von ca. 3,1 Mrd. DM (Konzern = ca. 4,1 Mrd. DM). Das Volumen der Kundendepots beträgt das Drei- bis Vierfache der Bilanzsumme. Geschäftsschwerpunkte sind das Wertpapiergeschäft, das kurz- und mittelfristige Kreditgeschäft, das Einlagengeschäft und der Geld- und Devisenhandel. Es werden Beteiligungen in verschiedenen Bereichen der Wirtschaft gehalten. Über die Bank-Tochter DSK-Bank, Deutsche Spar- und Kreditbank AG, wird vor allem das Mengengeschäft und das Leasing betrieben (Bilanzsumme = etwa 1 Mrd. DM). Merck, Finck & Co. beschäftigt etwa 560 Mitarbeiter und ist in München, Düsseldorf und Frankfurt durch Niederlassungen vertreten.

Im folgenden zweiten Kapitel wird kurz auf die Entwicklung des FIS-Projektes im Zeitablauf eingegangen. Kapitel 3 beschreibt die Einbettung der Einzelkundenkalkulation in das Infor-

---

* Die beiden Autoren sind im Haus Merck, Finck & Co. in München jeweils zuständig für Betriebswirtschaft und Organisation / EDV.
1 Dutschke, Walter und Haberkorn, Heinrich: Das Führungs-, Informations- und Steuerungssystem einer Privatbank. „Die Bank", (1985), Heft 8, S. 380−390

mationssystem. Kapitel 4 behandelt die Erfahrungen aus den einzelnen Phasen des FIS-Projektes. Es werden vier Phasen unterschieden:

a) die Projektvorbereitung,
b) die Betriebswirtschaftliche Konzeption,
c) die EDV-Realisierung und
d) die Implementierung im Haus.

In Kapitel 5 wird schließlich auf die möglichen Konsequenzen aus dem FIS eingegangen.

2. Entwicklung des FIS-Projektes im Zeitablauf

Vom Beginn des FIS-Projektes (einschließlich Anlaufphase) bis heute sind etwa 4 1/2 Jahre vergangen (vgl. hierzu und im folgenden: Übersicht 1). Ohne Einrechnung der Projektvorbereitungen beläuft sich der Zeitraum auf etwa 3 1/4 Jahre.

Die bewußt relativ langen Vorbereitungszeiten haben sich zeitlich und kostenmäßig positiv auf die eigentlichen Projektzeiten ausgewirkt (zu den konkreten Mann-Monaten vgl. Kapitel 4.2 und 4.3).

Die Phase der Betriebswirtschaftlichen Konzeption dauerte lediglich 9 Monate; einige Teilaufgaben wurden allerdings erst später erledigt (s. w. u.). Demgegenüber betrug die Projektzeit für die EDV-Realisierung gut 2 1/2 Jahre, also etwa dreimal so lange.

Anfang 1987 wurde die EDV-Realisierung der Einzelkundenkalkulation abgeschlossen. Ihr folgte Ende des Jahres 1987 die EDV-Realisierung der Gruppenkalkulation.

Die vierteljährlich ausgedruckten *Einzelkundenkalkulationen* sowie die Zusammenfassung der Ergebnisse aller Kunden eines Kundenbetreuers werden seit Mitte 1987 an die Informationsempfänger verteilt. Die Weitergabe der 4 Standardauswertungen der *Gruppenkalkulationen* für die verschiedenen Hierarchien von Informationsempfängern ist – nach Abschluß umfangreicher Tests – für das 2. Quartal 1988 vorgesehen.

Das dritte maßgebende Instrument des FIS, die *Bankergebnisrechnung*, wird seit Mitte 1987 „scheibchenweise" (= Produktgruppe für Produktgruppe) realisiert. Mit dem Abschluß ist zum Jahreswechsel 1988/89 zu rechnen.

3. Einbettung der Einzelkundenkalkulation in das FIS

Zum besseren Verständnis der Ausführungen in Kapitel 4 erscheint es erforderlich, einige Anmerkungen zur Bedeutung der Einzelkundenkalkulation innerhalb des FIS, zum Inhalt dieses Instruments und zur Abgrenzung gegenüber der Gruppenkalkulation und der Bankergebnisrechnung zu machen.

3.1 Bedeutung der Einzelkundenkalkulation

Aus der Bestandsaufnahme der Informationsinstrumente vor Beginn des gesamten Projektes ergab sich, daß ausreichende kundenbezogene Informationen nicht zur Verfügung standen – wenn man einmal davon absieht, daß sich Teilinformationen aufgrund recht aufwendiger Recherchen aus der Kontokorrent-Staffel, der Konditionenübersicht etc. ableiten ließen.

Übersicht 1:
Entwicklung des FIS-Projektes im Zeitablauf

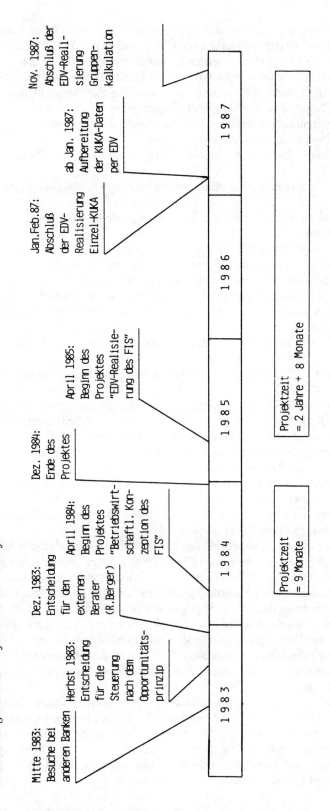

93

Welchen Verwendungszweck hat die Einzelkundenkalkulation? Diese banal anmutende Frage stand am Anfang der konzeptionellen Überlegungen zum FIS. Damals wie heute lautet die Aufgabe: Sie soll kundenbezogenen Informationsbedarf decken, entscheidungsorientierte (z. B. auf den Geschäftsabschluß bezogene) Informationen liefern und Grundlage für übergeordnete strategische Weichenstellungen sein. Die Kundenkalkulation soll also u. a. Antworten auf folgende kundenbezogenen Fragen geben:

- Welcher Ergebnisbeitrag wird bei dem einzelnen Kunden erzielt?
- Welche Art von Geschäften tätigt der Kunde?
- Welche Größenordnung bzw. Intensität haben diese Geschäfte (Stückzahl, Bestand, Umsatz)?
- Welche Erlöse, welche Kosten fallen bei den einzelnen Produkten und Produktgruppen an?
- Welches sind die Ursachen für eine verlustbringende bzw. nicht ausreichend positive Kundenbeziehung? (z. B.:
  - Sind die Bestände / Umsätze insgesamt zu gering?
  - Sind die Margen im bilanzwirksamen Geschäft zu niedrig?
  - Werden zu viele (kostenintensive) Kleingeschäfte getätigt?
  - Werden Sonderkonditionen im Dienstleistungsgeschäft gewährt?)
- Wo sind die Anknüpfungspunkte zur intensiveren und rentableren Gestaltung der Kundenbeziehung?
- Wie würde es sich unter sonst gleichen Umständen auswirken, wenn die eine Kondition ermäßigt (z. B. Minderung der Auszugsgebühr im Inlandszahlungsverkehr) und gleichzeitig eine andere Kondition erhöht wird (z. B. von Sonderkondition zurück auf normale Depotgebühr)?
- Wie weit könnte die Bank dem Kunden in der Konditionenverhandlung entgegenkommen, wenn der Kunde danach noch einen Mindestergebnisbeitrag erbringen soll?
- Wie hoch waren die Kundenergebnisse in den Vorjahren?

Aus all diesen Fragestellungen läßt sich in etwa ermessen, welche Bedeutung die Einzelkundenkalkulation für die Bank generell hat — entsprechende Antworten natürlich vorausgesetzt. Innerhalb des FIS erschöpft sich ihre Bedeutung nicht nur in ihrem Wert als eigenständiges Informationsinstrument.

Sie dient außerdem als Basis für die weiterführenden Instrumente „Gruppenkalkulation" und „Bankergebnisrechnung" (vgl. Kapitel 3.3).

Wenn über die Anwendungsmöglichkeiten der Kundenkalkulation gesprochen wird, wird häufig die Frage gestellt, ob sie nicht auch ein Instrument zur Performance-Messung von Mitarbeitern sein könne. Bei Merck, Finck & Co. wird diese Frage abgestuft beantwortet. Die Kundenkalkulation soll die Werthaltigkeit der Kunde-Bank-Beziehung nachhaltig beurteilbar machen. Insofern dient sie nicht primär der Beurteilung von Kundenbetreuern. Eine vorschnelle Bewertung des Kundenbetreuers anhand einer einzigen Ergebniszahl, wie z. B. zusammengefaßter Nettoergebnisbeitrag aller dem Kundenbetreuer zugeordneten Kunden, macht aus Merck, Finck-Sicht keinen Sinn. Die Struktur des Bankgeschäfts und die dahinterstehenden Leistungen der Mitarbeiter sind zu vielschichtig, um sie nur in einer Ziffer ausdrücken zu können:

- Die Kunden- und Produktstruktur des dem Kundenbetreuer zugeordneten Marktsegments haben einen wesentlichen Einfluß auf das erzielte Ergebnisbeitragsniveau.
- Bei der Zuordnung von Kunden zu Kundenbetreuern bestehen innerhalb von Abteilungen und Bereichen gewisse Ermessungsspielräume.
- An der Intensität und Rentabilität einer Kundenbeziehung wirken auf dem Weg des Cross Selling viele Mitarbeiter abteilungsübergreifend mit.

An dieser (noch erweiterbaren) Aufzählung wird deutlich, daß ein Beurteilungsprozeß hohe Anforderungen an die Führungskräfte stellt. Generell gilt für die im Management- bzw. Führungsprozeß notwendigen Zielvereinbarungen: Sie werden sich in den Marktbereichen bei Merck, Finck & Co. künftig in starkem Maß an der Kundenkalkulation orientieren, weil dort der Markterfolg abgebildet wird.

Beispiele für mögliche Zielvereinbarungen sind:
- Intensivierung von X Kunden mit dem Ziel der Ergebnisverbesserung um Y % oder
- die Hälfte der defizitären Kunden auf ± Null bringen.

3.2 Inhalt der Einzelkundenkalkulation

Die Einzelkundenkalkulation ist wie folgt aufgebaut[2]:
- Die *Gesamtübersicht* bietet nach Produktbereichen aufgegliederte Erfolgsinformationen auf einen Blick. Neben den Daten des laufenden Jahres werden auch die relevanten Werte der beiden Vorjahre für einen Zeitvergleich wiedergegeben.
- Für die *einzelnen Produktbereiche* (= KUKA-Module) sind Detailinformationen zu Bestand, Umsatz (soweit sinnvoll), Erlösen und Kosten verfügbar.
- In einer *Erfolgsanalyse* kann schließlich festgestellt werden, inwieweit die Ergebnisbeiträge der einzelnen Module ausgereicht haben, um
  - neben den Stückkosten auf Deckungsbeitragsbasis noch einen anteiligen Zuschlag für die Overhead- bzw. Gemeinkosten und
  - die auf Grundsatz I-Basis kalkulierten Soll- bzw. Mindest-Eigenkapitalkosten
  abzudecken.

Auf den vierten Baustein der Einzelkundenkalkulation, die *Kundencharakteristik* (Adresse, diverse demographische Merkmale wie Rechtsform, Branche, Land etc.), wird im folgenden Beispiel nicht eingegangen.

Zur Veranschaulichung folgt ein Beispiel mit zwei Geschäften aus dem Modul Geldmarktgeschäft. Die *Ausgangsdaten* ergeben sich aus folgender Übersicht (fiktive Daten):

Übersicht 2: Kundendaten und Kennziffern der Geldmarktgeschäfte (Beispiel)

Kriterium	Geschäft 1	Geschäft 2
1. Aktiv / Passiv	Einlage	Ausleihung
2. Währung	DM	DM
3. Betrag (DM)	770.000,00	2.200.000,00
4. Laufzeit	12.01.87 – 12.03.87	20.01.87 – 20.01.88
5. Zinsrechenmethode	deutsch (360 / 360)	deutsch (360 / 360)
6. Laufzeittage	60	360
7. Kundenzinssatz	4,00000 %	5,00000 %
8. Opportunitätszinssatz	4,93000 %	4,83000 %
9. Mindestreservepflicht	pflichtig	frei
10. Mindestreservetage	59	—
11. Mindestreservesatz	4,50000 %	—
12. Mindestreserveabschlag	0,21815 %	—
13. Liquiditätskosten- bzw. -erlössatz	0,04000 %	0,09000 %
14. Soll-Eigenkapitalkostensatz	—	0,50000 %
15. Mindest-Eigenkapital-kostensatz	—	0,20000 %

---

2 Vgl. ebenda, S. 382 f.

Zur Erläuterung der im Beispiel verwendeten Zinssätze ein kleiner Exkurs:
In den bilanzwirksamen Modulen der Einzelkundenkalkulation werden der Kundenzinssatz und der Verrechnungszinssatz ausgewiesen. Der Kundenzinssatz ist der mit dem Kunden vereinbarte Aktiv- bzw. Passivzinssatz, der sich DM-mäßig auch in der Gewinn- und Verlustrechnung der Bank niederschlägt. Er wird nicht direkt dem Opportunitätszinssatz (also dem Satz für die zinsbindungslaufzeitkongruente Alternativanlage am Geld- oder Kapitalmarkt) gegenübergestellt, sondern dem Verrechnungszinssatz (= der um Zu- und/oder Abschläge modifizierte Opportunitätszinssatz). Das Rechenschema wird nachfolgend für die Beispielgeschäfte gezeigt:

Geschäft 1 (Passivgeschäft)

	Opportunitätszinssatz	4,93 %
−	Mindestreserveabschlag	0,22 %
+	Liquiditätserlössatz	0,04 %
=	Verrechnungszinssatz	4,75 %
−	Kundenzinssatz	4,00 %
=	Spanne	0,75 %

Geschäft 2 (Aktivgeschäft)

	Opportunitätszinssatz	4,83 %
+	Liquiditätskostensatz	0,09 %
=	Verrechnungszinssatz	4,92 %
	Kundenzinssatz	5,00 %
−	Verrechnungszinssatz	4.92 %
=	Spanne	0,08 %

Welche Informationen erhält nun der Kundenbetreuer, wenn er die Kalkulation des Beispielkunden Müller abruft? Zunächst die *Gesamtübersicht:*

Übersicht 3:
Gesamtübersicht des Beispielkunden

```
-------------------------------------------------------------------------------
MERCK, FINCK & CO. BNL: 000        CMPR300      HEF/LD6B - 28.01.87 - 09:06:31
ZAD-CODE: MUELLER          KUNDENBETREUER:                 STAND: 31.03.1987
GESAMTUEBERSICHT
****************
MENUE INHALT DER SEITE         G E S A M T J A H R    1. JANUAR BIS:  03.87
CODE                           1 9 8 5     1 9 8 6    1 9 8 6     1 9 8 7
R301  LFD. KONTO - WERTSPHAERE
R302            - INLANDS-ZV
R312  KREDITE   - KONSORTIAL
R306            - WECHSEL
R307            - AVALE
R308  GELDMARKT                                                     956+
R309  SPAR
R303  AUSLANDSG. - ZAHLUNGSVERKEHR
R305             - DOKUMENTE
R304             - DEVISEN
R310  WERTPAPIERE- HANDEL
R311             - VERWAHRUNG
      VERMITTLUNGEN
      BETREUUNG/AKQUISITION
      GESAMT                   0+          0+         0+          956+
R313  ERFOLGSANALYSE

                                                    BEENDEN(LOESCH)
-------------------------------------------------------------------------------
```

Für das erste Quartal 1987 beläuft sich der Ergebnisbeitrag auf 956,-- DM im Geldmarktgeschäft. In den Vorjahren wurden keine Geschäfte getätigt. Leistungen aus anderen Produktbereichen hat der Kunde nicht in Anspruch genommen.

Der Abruf des *Moduls Geldmarktgeschäft* gibt Aufschluß darüber, wie dieser Ergebnisbeitrag zustandekommt:

Übersicht 4:
Modul Geldmarktgeschäft des Beispielkunden

```
-------------------------------------------------------------------------------
MERCK, FINCK & CO. BNL: 000        CMPR300      HEF/LD6B - 27.01.87 - 16:48:34
ZAD-CODE: MUELLER          KUNDENBETREUER:                 STAND: 31.03.1987
GELDMARKTGESCHAEFT -DM-:  KONTEN: 11-112630, 11-113657               0KTN
*************************
ART     FRIST ANZ TAG D-BESTAND ZINSS VERRZ SPANNE  ZINSERG. ST.KOST ERG.BEITR
AUSL FG 16     1   71  2.200.0   5,00  4,92  0,08+      347+     223      124+
EINL FG 15     1   60    770.0   4,00  4,75  0,75+      965+     133      832+


GESAMT                                                1.312+     356      956+
(035)KEINE WEITEREN DATEN VORHANDEN - RUECKWAERTS(PF10) -   BEENDEN(LOESCH)
-------------------------------------------------------------------------------
```

Das Geschäft 1 ist in der Zeile Einl FG (= Einlage Festgeld) dargestellt:
— Angabe der entsprechenden Fristigkeit des Geschäftes,
— in dieser Geschäftsart war im Berichtszeitraum (1.1.−31.3.87) ein einziges Geschäft „aktiv",
— die Anzahl der aktiven Tage beträgt 60 (d. h., das Geschäft endete auch im Berichtszeitraum),
— der Durchschnittsbestand während der aktiven Tage beträgt 770 000,-- DM,
— aus der Differenz zwischen Kundenzinssatz (ZINSS) und Verrechnungszinssatz (VERRZ) ergibt sich die Spanne von 0,75 %,

- das Zinsergebnis beträgt 956,--DM (periodengerecht abgegrenzt),
- an Stückkosten auf Deckungsbeitragsbasis fallen 133,--DM an (Zurechnung in voller Höhe bei Geschäftsabschluß),
- der Ergebnisbeitrag von 832,--DM resultiert aus der Differenz zwischen Zinsergebnis und Stückkosten.

Die entsprechenden Daten für das Geschäft 2 sind in der darüberliegenden Zeile Ausl FG (= Ausleihung Festgeld) wiedergegeben. Bei der Interpretation dieses Geschäftes muß berücksichtigt werden, daß das Zinsergebnis bis zum Auslaufen des Geschäfts kontinuierlich wächst; die Stückkosten bleiben dagegen konstant.

Wie sieht nun die abschließende *Erfolgsanalyse* des Kunden Müller aus?

Übersicht 5:
Erfolgsanalyse des Beispielkunden

```
-------------------------------------------------------------------------

MERCK, FINCK & CO. BNL: 000        CMPR300      HEF/LD6B - 27.01.87 - 16:48:34
ZAD-CODE: MUELLER       KUNDENBETREUER:                  STAND: 31.03.1987
ERFOLGSANALYSE
**************
KUKA-MODUL              ERG.BEITR.  OVERHEAD   MIND-EK   SOLL-EK   ERGEBNIS
LFD. KONTO - WERTSPHAERE
           - INLANDS-ZV
KREDITE    - KONSORTIAL
           - WECHSEL
           - AVALE
GELDMARKT                 956+       142-       868-      2169-      1355-
SPAR
AUSLANDSG. - ZAHLUNGSVERK.
           - DOKUMENTE
           - DEVISEN
WERTPAPIERE- HANDEL
           - VERWAHRUNG
VERMITTLUNGEN
BETREUUNG/AKQUISITION

GESAMT                    956+       142-       868-      2169-      1355-

                                             BEENDEN(LOESCH)
-------------------------------------------------------------------------
```

Der aus beiden Geschäften erzielte (Brutto-) Ergebnisbeitrag reicht problemlos aus, um den anteiligen Overheadzuschlag von 142,--DM abzudecken, kann dann aber nur noch knapp 40 % der Soll-Eigenkapitalkosten von 2 169,--DM (= Gewinnanspruch der Bank) ausgleichen. Ob dies aus Banksicht „gut" oder „schlecht" ist, kann nicht allein vom Vorzeichen in der Spalte (Netto-) Ergebnis abhängen; u. a. ist der Vergleich mit Ergebnisbeiträgen anderer Kunden wichtig (Grundsatz der relativen Bewertung).

3.3 Abgrenzung gegenüber anderen FIS-Instrumenten

Die Einzelkundenkalkulation ist nicht nur Informationsintrument, sondern stellt gleichzeitig die Basis für die Gruppenkalkulation und die Bankergebnisrechnung dar.

Zunächst zur *Gruppenkalkulation:*

Es stehen standardmäßig vier Auswertungstypen zur Verfügung; sie wurden bereits beschrieben.[3] Darüber hinaus besteht die Möglichkeit, Spezialauswertungen nach diversen demographischen Kundenmerkmalen anzufertigen. (Die auswertbaren demographischen

---

3 Vgl. ebenda, S. 383 f.

Merkmale sind in der Kundencharakteristik, dem vierten Baustein der Einzelkundenkalkulation, enthalten).

Die Bandbreite der Informationsempfänger reicht − je nach Verdichtungsstufe der Daten − vom Kundenbetreuer bis zum Geschäftsleitungsmitglied.

Die Gruppenkalkulationen werden ausschließlich aus Daten der Einzelkundenkalkulation aufbereitet.

Zur *Bankergebnisrechnung:*

Die Bankergebnisrechnung stellt die Kosten und Erlöse der Bank vollständig und nach betriebswirtschaftlichen Kriterien gegliedert dar. Konzeptionell werden drei Blöcke unterschieden:

− Marktergebnis laut Kundenkalkulation,
− Ergebnis aus den Eigengeschäften der Bank (z. B. Devisen- und Wertpapiereigenhandel) und
− weitere Ergebnisbereiche (z. B. Fristen- und Währungstransformationsergebnis).

Informationsempfänger der Bankergebnisrechnung (des Management Reports) ist die Geschäftsleitung. Auszüge des Management Reports gehen auch an die Bereichs- (bzw. Produkt-) Verantwortlichen.

Der Management Report enthält gesamtbank- bzw. niederlassungsbezogene Angaben. Folgende Arten der Darstellung werden unterschieden:

● Laufendes Jahr,
● Zeitvergleich,
● Niederlassungsvergleich,
● Soll-Ist-Vergleich und
● vorausschauende Erfolgsrechnung.

Das Muster eines Berichtsblattes (Kundenbeiträge im Aktiv- und Passivgeschäft für die Gesamtbank; laufendes Jahr) ergibt sich aus Übersicht 6.

Nur der erste Block der Bankergebnisrechnung, das Marktergebnis, wird ausschließlich aus Daten der Einzelkundenkalkulation aufbereitet (Überspielen der Daten vom Host auf den Personal Computer; dort wird der Report erstellt). Bei den Eigengeschäften und den sonstigen Ergebnisbereichen wird auf operative Statistiken und / oder Angaben aus dem Hauptbuch zurückgegriffen.

4. Erfahrungen aus den einzelnen Phasen des FIS-Projektes

Nach den relativ umfangreichen „Vorbemerkungen" des Kapitals 3 folgen nun die eigentlichen Erfahrungen aus den einzelnen Projektphasen. Wahrscheinlich sind sie aber vor dem Hintergrund der Informationen zu Bedeutung, Inhalt und Einordnung der Einzelkundenkalkulation leichter nachzuvollziehen.

4.1 Projektvorbereitung

Die recht zeitaufwendige Phase der Projektvorbereitung (etwa 6 Monate) umfaßte
● Besuche bei anderen Banken,
● die Entscheidung für die Steuerung nach dem Opportunitätsprinzip,
● die Entscheidung für die Durchführung des FIS-Projektes und
● Vertragsverhandlungen mit externen Beratern.

Übersicht 6: Management Report: Kundenbeiträge im Aktiv- und Passivgeschäft

```
*******************************************************************************
* BANKERGEBNISRECHNUNG                                          Muenchen, den *
* Teil I: KURZFRISTIGE ERFOLGSRECHNUNG --- A: LAUFENDES JAHR  1.1.1987 - 31.5.1987 *
*******************************************************************************
* Niederlassung: GESAMTBANK              Legende: OV = Overheadkosten          *
*                                                 EK = Eigenkapital (-Kosten)  *
```

I. KUNDENBEITRAEGE (File-Name:)	Durch-schnitts-bestand Mio.DM	Realis. Zins (RZ) %	Opport. Zins (OZ) %	Verrechn. Zins (VZ) %	Zins-beitrag RZ - OZ TDM	Zins-beitrag RZ - VZ TDM	Geb./Sonst. Erloese TDM	Stueck-kosten TDM	Ergebnisbeitrag vor OV+EK TDM	Over-head TDM	EK-Kosten TDM	nach OV+EK TDM
1.1 Kundenbeitrag Aktivgeschaeft												
a) Lfd. Konto Wertsphaere												
- Kredite												
- Wertstellungsergebnis												
- Gesamt												
b) Kreditkonsortialgeschaeft												
c) Wechsel-/Akzeptkreditgeschaeft												
d) Avalkreditgeschaeft												
e) Geldmarktgeschaeft												
f) Gesamt	XX.XXX,XX	XX,XX	XX,XX	XX,XX	XX.XXX,XX	XX.XXX,XX	XX.XXX,XX	XX.XXX,XX	X.XXX,XX	X.XXX,XX	X.XXX,XX	XX.XXX,XX
1.2 Kundenbeitrag Passivgeschaeft												
a) Lfd. Konto Wertsphaere												
- Einlagen												
- Wertstellungsergebnis												
- Gesamt												
b) Geldmarktgeschaeft												
c) Spargeschaeft												
d) Inhaberschuldverschreibungen												
e) Gesamt	XX.XXX,XX	XX,XX	XX,XX	XX,XX	XX.XXX,XX	XX.XXX,XX	XX.XXX,XX	XX.XXX,XX	X.XXX,XX	X.XXX,XX	X.XXX,XX	XX.XXX,XX
1.3 Kundenbeitrag Aktiv/Passiv Gesamt (= 1.1 f + 1.2 e)	XX.XXX,XX	XX,XX	XX,XX	XX,XX	XX.XXX,XX	XX.XXX,XX	XX.XXX,XX	XX.XXX,XX	X.XXX,XX	X.XXX,XX	X.XXX,XX	XX.XXX,XX

```
*******************************************************************************
* Controlling, Marketing und Planung (Tel. 394)                     Blatt 1   *
*******************************************************************************
```

Die Besuche bei anderen Banken dienten dem Informationsaustausch über die zu setzenden Schwerpunkte, den jeweils als am besten erachteten Weg und die möglicherweise schon erzielten Ergebnisse. Gewisse Vorerfahrungen waren bei den Gesprächen hilfreich, es konnten jedoch z.T. neue Akzente gesetzt werden, die verhinderten, daß das berühmte Rad zum zweiten Mal erfunden wurde.

Die Entscheidung für die Steuerung nach dem Opportunitätsprinzip fiel der Geschäftsleitung von Merck, Finck & Co. recht leicht, weil einerseits der damalige schichtenbilanzorientierte Ansatz in der Geschäftssparenrechnung zur Steuerung der Marktbereiche offensichtlich nicht ausreichte, andererseits eine Verfeinerung der Schichtungsregeln angesichts der (aus Merck, Finck-Sicht) überzeugenden Steuerungsprinzipien der Marktzinsmethode nicht sinnvoll erschien.

Die Entscheidungsvorlage für die Geschäftsleitung zur Durchführung des FIS-Projektes wies folgende Struktur auf:
- Was ist unter „Informations-System" zu verstehen?
- Welche Bestandteile des FIS sind in der Bank bereits realisiert?
- Warum braucht die Bank weitere Informationsinstrumente?
- Welche Lösungsmöglichkeiten bestehen zum Aufbau eines geeigneten Instrumentariums?
  - Eigenentwicklung
  - Kauf des FIS einer anderen Bank
  - Entwicklung mit befreundeten Banken
  - Entwicklung mit externen Unternehmen
- Vorschlag.

Zeit- und Kostengründe gaben den Ausschlag, die Betriebswirtschaftliche Konzeption zusammen mit einem Unternehmensberater anzugehen.

Die anschließenden Vertragsverhandlungen berührten u. a. folgende Punkte:
- Trennung „Betriebswirtschaftliche Konzeption" und „EDV-Realisierung"
- Option auf Fortsetzung der Zusammenarbeit nach der „Betriebswirtschaftlichen Konzeption"
- Dienstvertrag versus Werkvertrag
- Namentliche Einbeziehung der Projektmitglieder
- Projektleitung durch Berater oder Bank
- Aufgaben des Projekts
- Dauer des Projekts
- Festpreis oder andere Preisfestlegung.

4.2 Betriebswirtschaftliche Konzeption

Nachfolgend wird auf den Inhalt dieser Projektphase eingegangen; es wird beschrieben, worauf besonders geachtet wurde, und es werden einige Angaben zur Mitarbeiterkapazität gemacht.

4.2.1 Inhalt dieser Projektphase

Vor der genauen Beschreibung des Soll-Zustandes waren zwei Schritte erforderlich:
- Die *Bestandsaufnahme der Geschäftsstruktur* diente als Voruntersuchung der Festlegung der künftigen Informationsschwerpunkte. Die Geschäftsarten mit relativ großer Bedeutung für Bestand, Umsatz und / oder Ertrag sollten detaillierter abgebildet werden als die weniger bedeutsamen (Kosten- / Nutzen-Betrachtung).

- Die *Bestandsaufnahme der Informationsstruktur* half, die bestehenden Informationsinstrumente zu ordnen; die operativen Informationen wurden von den Führungsinformationen getrennt. Auf der Basis dieser umfangreichen Ist-Analyse fiel es relativ leicht, den Soll-Zustand zu formulieren (Wer erhält welche Informationen zu welchem Zweck?).

Die Dokumentation des Soll-Zustandes begann mit der *Betriebswirtschaftlichen Grundkonzeption*, des „Drehbuchs" für die anschließenden Aufgaben. Der Inhalt erstreckt sich auf folgende Punkte:
- Ziel des FIS-Projektes
- Struktur des FIS
- Künftige Informationsinstrumente
- Konzeption der KUKA-Datenbasis
- Ergebnismechanik innerhalb der Bankergebnisrechnung
- Betriebswirtschaftliche Voraussetzungen des FIS (Verrechnungspreis-Verfahren sowie Stückkostenrechnung und Break-even-Rechnung).

Die weiterführenden Dokumentationen für die Soll-Konzeption waren:
- *Verrechnungspreis-Handbuch:*
  Die Grundlagen des Verrechnungspreiskonzepts wurden beschrieben. Es wurde geregelt, welcher Opportunitätszins und welche Margenkomponenten bei welchem Geschäft heranzuziehen sind. Die Margenkomponenten wurden vollständig kalkuliert, und es wurde die technisch-organisatorische Umsetzung bei der Beschaffung und Anwendung der Opportunitätszinssätze, Margenkomponenten und Opportunitätskurse geregelt.
- *Stückkosten-Handbuch:*
  Es wurden die zur Stückkostenermittlung durchgeführten Erhebungen (Erfassung von Arbeitszeiten und Mengengerüst, Ermittlung der Mitarbeiterkosten) dokumentiert. Die eigentliche Berechnung der Stückkosten auf Personal Computer einschließlich der Aggregation der Kosten zu den verschiedenen Deckungsbeitragsstufen wurde beschrieben, und es wurden Hinweise für künftige Erhebungen gegeben. In einem Anhang kann auf das Handbuch zur Erfassung der Arbeitszeiten, die Ergebnisse der Stückkostenrechnung, die Rechenformeln für die Kundenkalkulation und auf die durchgeführten Break-even-Rechnungen zurückgegriffen werden.
- *Fachkonzepte für die Module der Einzelkundenkalkulation:*
  Für jedes Modul der Einzelkundenkalkulation wurde ein Fachkonzept erstellt. Aufgabe dieser Fachkonzepte ist es, die betriebswirtschaftlichen Sachverhalte so detailliert und vollständig zu beschreiben, daß die anschließende EDV-Umsetzungsarbeit einschließlich Dokumentation möglichst ohne Rückfragen, Plausibilitätsprüfungen etc. erfolgen kann. Zur Veranschaulichung des Inhalts einige Stichworte aus dem Fachkonzept Geldmarktgeschäft:
  - Kunden und Geschäftsarten des Geldmarktgeschäfts
  - Zinsrechnung
    (Zinsrechenmethoden, Laufzeit, Fristigkeit, aktive Tage)
  - Fremdwährungsgeschäft
  - Rechenformeln für die Opportunitätszinssätze und Margenkomponenten
  - Besonderheiten, wie Storni, vorzeitige Auflösungen, Zinssatzänderungen etc.
  - Bestandsdaten der FIS-Datenbank
  - Bewegungsdaten des operativen Systems
  - Abstimmung mit dem operativen System
  - Beschreibung der Bildschirminhalte und des Drucks der Einzelkundenkalkulation und
  - Schnittstelle zur Bankergebnisrechnung und zum Rechnungswesen.

● *Design der Gruppenkalkulation:*
Es handelt sich um die Beschreibung des Druck-Outputs für dieses Instrument.
Nach Abschluß dieser Projektphase, wurden noch folgende betriebswirtschaftliche Analysen / Konzepte angefertigt:
● Fachkonzept für die Gruppenkalkulation
● Design und Fachkonzept für die Bankergebnisrechnung
und
● Abstimmkonzept (Abstimmung zwischen Kundenkalkulation und GuV).
Außerdem wurden eine zweite Erhebung der Stückkosten durchgeführt und die Break-even-Rechnungen aktualisiert.

4.2.2 Worauf wurde besonders geachtet?

In der Phase der Betriebswirtschaftlichen Konzeption wurde auf folgende Aspekte besonders geachtet:
● Alle drei FIS-Instrumente basieren auf einem einheitlichen konzeptionellen Ansatz. Es handelt sich um ein *durchgängiges System* von der Einzelkundenkalkulation bis zur Bankergebnisrechnung. Von den aggregierten Zahlen her kann grundsätzlich auf die Ergebniswirkung des einzelnen Geschäfts zurückgegangen werden.
● Es wird das *Gesamtgeschäft* der Bank berücksichtigt. Eine Beschränkung, z. B. nur Ausrichtung am Kundengeschäft, erfolgt nicht.
● Um dem Komplexitätsgrad der abgebildeten Bankgeschäfte Rechnung zu tragen, wurden diverse *betriebswirtschaftliche Details* berücksichtigt:
  – Bei der Ermittlung des *Wertstellungsgewinns* wird auf das zusätzlich eingeführte Verfügbarkeitsdatum (pagatorische Betrachtungsweise) zurückgegriffen.
  – Die relevanten Margenkomponenten werden um den sog. *Ultimoeffekt* korrigiert (Beispiel: Eine Tagesgeldausleihung nur über den Monatsultimo verursacht Eigenkapitalkosten für einen Monat = 30 Tage).
  – Bei *Fremdwährungsgeschäften* wird der DM-Opportunitätszinssatz durch Berücksichtigung von Swap-Punkten an das ausländische Zinsniveau angepaßt.
  – Durch Anwendung des Opportunitätsgedankens auf den Handelsbereich in Form des *Opportunitätskursprinzips* kann eine saubere Trennlinie zwischen Kundengeschäft und Eigengeschäft gezogen werden. Dies hat selbstverständlich auch Konsequenzen für die Darstellung in der Bankergebnisrechnung. Modellhaft wird dies am Beispiel Devisenkursgewinn in der Übersicht 7 gezeigt. Die Kursgewinne im Zusammenhang mit dem Auslandszahlungsverkehr (AZV), Kundendevisenhandel, Dokumentengeschäft und Wertpapierkommissionsgeschäft schlagen sich im Markt- bzw. Kundenergebnis nieder, der verbleibende „echte" Spekulationsgewinn dagegen im Eigengeschäft.
● Die *Fachbereiche* wurden *frühzeitig einbezogen.* Bei nahezu allen Einzelschritten erfolgte eine Abstimmung insbesondere mit den Abteilungs- und Bereichsleitern der Marktbereiche, aber auch mit diversen Produktspezialisten. Auf diesem Weg konnten rechtzeitig wertvolle Anregungen für die Gestaltung der Informationsinstrumente und für betriebswirtschaftliche Einzelfragen gesammelt und berücksichtigt werden.
● Es wurde darauf geachtet, daß die *Benutzerfreundlichkeit* hoch ist. Dieser Aspekt wurde bereits früher beschrieben.[4]
● Die Aufbereitung der Einzelkundenkalkulation erfolgt vollautomatisch über die *Zentral-EDV.* Eine PC-Lösung erschien angesichts der großen Datenmengen — jeder Kunde wird kalkuliert — nicht sinnvoll.

4   Vgl. ebenda, S. 383

Übersicht 7:

Aufteilung des Devisenkursgewinns in der Bankergebnisrechnung

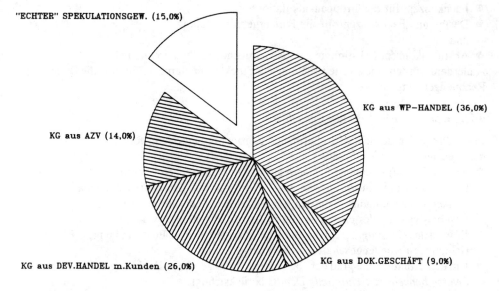

"ECHTER" SPEKULATIONSGEW. (15,0%)

KG aus WP-HANDEL (36,0%)

KG aus AZV (14,0%)

KG aus DEV.HANDEL m.Kunden (26,0%)

KG aus DOK.GESCHÄFT (9,0%)

KG = Devisenkursgewinn

- Wie bereits erwähnt, wurde auf eine *detaillierte Dokumentation* der Einzelschritte geachtet.

- Soweit es sich nicht um ausschließlich betriebswirtschaftliche Größen wie z. B. Opportunitätszinsen, aufgelaufene Beträge der Margenkomponenten handelt, sind die ausgewiesenen Ergebniszahlen *mit den entsprechenden Sachkonten der GuV abstimmbar.*

- Eine *frühe Verwertung von Teilergebnissen* stellte sicher, daß sich das − selbstverständlich auch früher schon vorhandene − Ergebnisdenken nicht erst heute, mit Abschluß des Gesamtprojekts, verstärkte. Wichtige Erkenntnisse wurden aus der Stückkostenrechnung (Vergleich mit anderen Banken, Niederlassungsvergleich, Zeitvergleich), den Break-even-Rechnungen, aus Ad-hoc-Kalkulationen und aus Testläufen gewonnen. Bei den Break-even-Rechnungen gab es ein dreistufiges Vorgehen:
  − Ansatz von Standardkonditionen,
  − Vergleich der Break-even-Schwellen mit den tatsächlichen Volumina und
  − Vergleich der Standardkonditionen mit den nicht selten üblichen Sonderkonditionen.
Daß dieses recht komfortable FIS auch entsprechende Investitionen erforderte, zeigt das folgende Kapitel (zur Mitarbeiterkapazität für die EDV-Realisierung vgl. Kap. 4.3.3).

4.2.3 Mitarbeiterkapazität

Die in der Phase der Betriebswirtschaftlichen Konzeption eingesetzte Mitarbeiterkapazität betrug etwa 4 Mann-Jahre. Ausgedrückt in Mann-Monaten ergibt sich folgende Verteilung:

	Mann-Monate
– externer Berater (2–5 MA)	22
– Controlling, Marketing und Planung (1–2 MA)	10
– Organisation (1–4 MA)	8
– Fachbereiche (ohne Interviews)	7
	47

Der Anteil externer Mitarbeiter an der Gesamtkapazität beträgt knapp 50 %.

4.3 EDV-Realisierung

Nachfolgend wird auf den Inhalt der Projektphase „EDV-Realisierung des FIS" eingegangen, es wird beschrieben, worauf in dieser Phase besonders geachtet wurde, und es
wird die eingesetzte Mitarbeiterkapazität genannt.

4.3.1 Inhalt dieser Projektphase

Die Projektphase EDV-Realisierung umfaßte die programmtechnische Umsetzung folgender Bausteine (einschließlich Test):

● Einzelkundenkalkulation

a) Module

    – Gesamtübersicht

    – Laufendes Konto   Wertsphäre
                                Inlands-Zahlungsverkehr

    – Auslandsgeschäft   Zahlungsverkehr
                                Dokumente
                                Devisen

    – Kreditgeschäft   Wechsel / Akzepte
                                Avale

    – Geldmarktgeschäft
    – Spargeschäft
    – Wertpapiergeschäft   Handel
                                Verwahrung

    – Erfolgsanalyse

b) Zusammenfassung der Kundenergebnisse pro Kundenbetreuer

● Gruppenkalkulation
   4 verschiedene Standardauswertungen
● Verrechnungspreis-Tabellen
● Stückkosten-Tabellen
● automatisiertes Abstimmverfahren.

Da die einzelnen Themenbereiche bereits bei der Darstellung der betriebswirtschaftlichen
Zusammenhänge behandelt worden sind, wird hier auf eine Beschreibung – mit einer Ausnahme – verzichtet. Die Ausnahme betrifft das Thema Verrechnungspreis-Tabellen. Um
die Komplexität der „Verdrahtung" von Margenkomponenten zu den Einzelgeschäften zu
verdeutlichen, ist ein Auszug aus einem sog. Margenbaum in Übersicht 8 wiedergegeben
(aus Kontinuitätsgründen auch hier wieder das Modul Geldmarktgeschäft):

Übersicht 8:
Entscheidungsbaum für die Zuordnung der Margenkomponenten im Geldmarktgeschäft (Auszug)

```
|||||||||||||||||||||||||||||||||||||||||||||||||||||||||||||||||||||||||||||||||||||||||||||||||||||||||||||||||||||||||||||||||||||||||
| FIS-Modul Geldmarktgeschaeft:                                                                                           |
| Entscheidungsbaum fuer die Zuordnung der Margenkomponenten                          Muenchen, den  05-Mai-86          |
|||||||||||||||||||||||||||||||||||||||||||||||||||||||||||||||||||||||||||||||||||||||||||||||||||||||||||||||||||||||||||||||||||||||||
```

Legende zu den Positions-Nummern
der jeweiligen Verrechnungszins-
tabellen

Kriterien: Zuordnung:

1. Start	2. Obergruppe/ Kontoart	3. Aktiv/Passiv	4. Inland/ Ausland	5. Kundengruppe	6. Fristig- keit	7. Mindest- reserve	8. DM/FW	nachrichtl.: Beruehrte FIS-GA	A. Nr. der Basis- tabelle	B. Grunds. II/III- Kosten	C. Mindest- reserve- Kosten	D. Risiko- kosten	E. Grunds. I- Kosten	B. Gr. II/III-Kosten
														1 = Erloes 1
														2 = Erloes 2
				Bank	Frist 10/11	MR-frei	DM+FW	111, 151	500	5	4	4	3	3 = Erloes 3
					Frist 15	MR-frei	DM+FW	112, 152	501	5	4	4	3	4 = Erloes 4
					Frist 16	MR-frei	DM+FW	113, 153	502	3	4	4	3	5 = Erloes 5
					Frist 30	MR-frei	DM+FW	114, 154	503	3	4	4	3	6 = neutral
					Frist 40	MR-frei	DM+FW	115, 155	504	6	4	4	3	7 = Kosten 1
														8 = Kosten 2
				Nichtbank/ Untern. + Priv.	Frist 10/11	MR-frei	DM+FW	111, 151	510	:	4	:	1	
					Frist 15	MR-frei	DM+FW	112, 152	511	:	4	:	1	C. MR-Kosten
					Frist 16	MR-frei	DM+FW	113, 153	512	:	4	:	1	
					Frist 30	MR-frei	DM+FW	114, 154	513	:	4	:	1	
					Frist 40	MR-frei	DM+FW	115, 155	514	:	4	:	1	
				Nichtbank/ oeff. Haushalte	Frist 10/11	MR-frei	DM+FW	111, 151	520	:	4	:	4	1 = Sicht Inl.
					Frist 15	MR-frei	DM+FW	112, 152	521	:	4	:	4	2 = Termin Inl.
					Frist 16	MR-frei	DM+FW	113, 153	522	:	4	:	4	3 = Spar Inl.
					Frist 30	MR-frei	DM+FW	114, 154	523	:	4	:	4	4 = MR-frei
					Frist 40	MR-frei	DM+FW	115, 155	524	:	4	:	4	5 = Sicht Ausl.
				Niederlassung	Frist 10/11	MR-frei	DM+FW	111, 151	530		4		4	6 = Termin Ausl.
					Frist 15	MR-frei	DM+FW	112, 152	531		4		4	7 = Spar Ausl.
		Ausleihung	Inlaender		Frist 16	MR-frei	DM+FW	113, 153	532		4		4	
					Frist 30	MR-frei	DM+FW	114, 154	533		4		4	
					Frist 40	MR-frei	DM+FW	115, 155	534		4		4	
				Konzernunter- nehmen/Bank	Frist 10/11	MR-frei	DM+FW	111, 151	540		4		3	D. Risikokosten
					Frist 15	MR-frei	DM+FW	112, 152	541		4		3	
					Frist 16	MR-frei	DM+FW	113, 153	542		4		3	
					Frist 30	MR-frei	DM+FW	114, 154	543		4		3	
					Frist 40	MR-frei	DM+FW	115, 155	544		4		3	4 = ohne Risikozuschlag
				Konzernunter- nehmen/Nichtbank	Frist 10/11	MR-frei	DM+FW	121, 161	550		4		1	
					Frist 15	MR-frei	DM+FW	122, 162	551		4		1	
					Frist 16	MR-frei	DM+FW	123, 163	552		4		1	E. Eigenkapitalkosten
					Frist 30	MR-frei	DM+FW	124, 164	553		4		1	
					Frist 40	MR-frei	DM+FW	125, 165	554		4		1	
	Geldmarkt Inland			Bank	Frist 10/11	MR-frei	DM+FW	121, 161	560		4		4	1 = 100 % Anrechnung
					Frist 15	MR-frei	DM+FW	122, 162	561		4		4	2 = 50 % Anrechnung
					Frist 16	MR-frei	DM+FW	123, 163	562		4		4	3 = 20 % Anrechnung
					Frist 30	MR-frei	DM+FW	124, 164	563		4		4	4 = keine Anrechnung
					Frist 40	MR-frei	DM+FW	125, 165	564		4		4	
				Nichtbank/ Untern. u. Priv.	Frist 10/11	MR-pflichtig	DM+FW	121, 161	570	1			4	
					Frist 15	MR-pflichtig	DM+FW	122, 162	571	2			4	
					Frist 16	MR-pflichtig	DM+FW	123, 163	572	2			4	
					Frist 30	MR-pflichtig	DM+FW	124, 164	573	2			4	
					Frist 40	MR-frei	DM+FW	125, 165	574	4			4	
				Nichtbank/ oeff. Haushalte	Frist 10/11	MR-pflichtig	DM+FW	121, 161	580	1			4	
					Frist 15	MR-pflichtig	DM+FW	122, 162	581	2			4	
					Frist 16	MR-pflichtig	DM+FW	123, 163	582	2			4	
					Frist 30	MR-pflichtig	DM+FW	124, 164	583	2			4	
					Frist 40	MR-frei	DM+FW	125, 165	584	4			4	
		Einlage	Inlaender	Niederlassung	Frist 10/11	MR-frei	DM+FW	121, 161	590		4		4	
					Frist 15	MR-frei	DM+FW	122, 162	591		4		4	
					Frist 16	MR-frei	DM+FW	123, 163	592		4		4	
					Frist 30	MR-frei	DM+FW	124, 164	593		4		4	
					Frist 40	MR-frei	DM+FW	125, 165	594		4		4	
					Frist 10/11	MR-frei	DM+FW	121, 161	600		4		4	

Der Margenbaum ist deshalb recht umfangreich, weil die zugrundeliegenden Regelungen (Mindestreserveregelung, KWG-Grundsätze) z.T. unterschiedliche Kriterien verwenden (multiplikativer Effekt).

Ein Margenbaum wie der gezeigte existiert – zwangsläufig – für jedes der bilanzwirksamen KUKA-Module.

Auch die Durchführung der Tests war – hierauf sei abschließend in diesem Kapitel hingewiesen – eine nicht zu unterschätzende Aufgabe:

- Die Tests wurden in zwei Stufen durchgeführt. Zunächst wurden fiktive Kunden getestet (relativ geringe Anzahl). Anschließend erfolgten sog. „live"-Tests (Gesamtbestand).
- Es wurden 4 Testbereiche unterschieden:
  - Test des operativen Systems
  - Test der Schnittstelle operatives System – KUKA
  - Test des Margenbaums
    und
  - Test des Gesamtzusammenhangs.

Pro Modul wurden Testbeauftragte benannt, die die Testläufe koordinierten und aufgetretene Fehler bzw. Probleme mit den Fachbereichen und den Programmierern klärten.

4.3.2 Worauf wurde besonders geachtet?

In der Phase der EDV-Realisierung wurde auf folgende Aspekte besonders geachtet:

- Wichtig war das Erreichen eines klar definierten *EDV-technischen Qualitätsstandards*. Dies wurde dadurch gewährleistet, daß eine Software-Entwicklungstechnik (Systems Engineering) im Haus Merck, Finck & Co. als Raster für die Projektarbeit eingeführt wurde.
- Weiterhin war bedeutsam, daß die *FIS-Anwendung* EDV-technisch sauber *von den bestehenden operativen Systemen abgegrenzt* wurde. Der Datenverkehr erfolgt über eine Schnittstellen-Datenbank.
- Die Daten-Auswertung weist eine recht hohe *Flexibilität* auf. Dies ist technisch möglich durch Einsatz eines relationalen Datenbank-Systems und einer Datenbank-Auswertungssprache der vierten Generation. Außerdem wird die Flexibilität durch die Kommunikation zwischen zentralem Rechner und Personal Computer erhöht.
- Durch eine *weitgehend automatisierte Zuführung der Daten* aus den operativen DV-Systemen wird eine Belastung der Fachbereiche im Tagesgeschäft vermieden. Es bestehen keine separaten Rechenschritte zur Datenbereitstellung für das FIS in den Markt- und Betriebsabteilungen. (Die Ansprüche an die Qualität der zugeführten Daten sind allerdings nicht unwesentlich gestiegen.)
- Wartung und Pflege der Anwendungen sind wirtschaftlich, weil das System *modular aufgebaut* ist und die Entwicklung einschließlich detaillierter Dokumentation nach dem System Engineering-Standard vorgenommen wurde.
- Der *Ressourcen-Verbrauch* in der Produktion hält sich in Grenzen, weil die permanente Datenverfügbarkeit auf den aktuellen KUKA-Bestand beschränkt ist. Außerdem wurde darauf geachtet, das Datenbank-Design möglichst paßgenau zu gestalten.
- Im Controlling kann eine *rationelle Datenaufbereitung* vorgenommen werden, weil komprimierte Daten formatgerecht vom zentralen Rechner an den PC des Controlling geliefert werden. Eine manuelle Eingabe entfällt.
- Das System verfügt über ein hohes Maß an *Datensicherheit,* weil der Zugriff auf die dem Betreuer zugeordneten Kunden beschränkt ist. Der Zugriff kann nur nach Eingabe der persönlichen Identifikations-Nummer erfolgen. Bei der Verwaltung von Mikrofiches herrscht das Vieraugenprinzip.

4.3.3 Mitarbeiterkapazität

Die in der Phase der EDV-Realisierung eingesetzte Mitarbeiterkapazität betrug etwa 13,5 Mann-Jahre. In Mann-Monaten ausgedrückt, ergibt sich folgende Verteilung:

	Mann-Monate
– externes Softwarehaus (2 MA)	52
– Controlling, Marketing und Planung (2–3 MA)	25
– Organisation (3–15 MA)	84
	161

Der Anteil externer Mitarbeiter an der Gesamtkapazität beträgt knapp ein Drittel.
In den oben gennanten Zahlen ist die Mitarbeiterkapazität der Fachbereiche (z. B. Mitwirkung bei den Tests) nicht enthalten.

4.4 Implementierung im Haus

Die Phase der Implementierung im Haus umfaßt vor allem die Schaffung der technisch-organisatorischen Voraussetzungen für das „Laufen" des Systems sowie die Schulung der Mitarbeiter.
Zu den technisch-organisatorischen Voraussetzungen drei Stichpunkte:
● Die *Opportunitätszinssätze* werden arbeitsäglich in das System eingegeben. Gleichzeitig werden die Sätze als Bestandteil des Marktinformations-Blattes allen (Markt-) Abteilungen zur Verfügung gestellt.
● Die Aktualisierung der *Margenkomponenten* erfolgt immer dann, wenn sich die für die Kalkulation maßgeblichen Parameter ändern (z. B. Mindestreservesätze). Bei den *Stückkostensätzen* ist eine jährliche Aktualisierung vorgesehen.
● Die *Wertpapier- und Devisenmargen,* die sich aus der Anwendung des Opportunitäts-*kurs*prinzips ergeben, werden auf den jeweiligen Orderzetteln eingetragen und EDV-mäßig erfaßt. Es gilt das Vieraugenprinzip – der Kundenbetreuer und der Verantwortliche für den Handel erhalten regelmäßig Auflistungen zur Plausibilitätskontrolle.
Zur Schulung der Mitarbeiter sei folgendes angemerkt:
● Es wird zwischen *Erstschulung* und *späteren Erfahrungsaustauschen* unterschieden.
● Die Erstschulung erstreckt sich auf *drei Schulungsrunden.*
In der ersten Runde wurden folgende Punkte behandelt:
– Zweck der Kundenkalkulation
– Instrumente des Kundenbetreuers
– Verrechnungspreis-Verfahren
und
– Stückkosten.
Außerdem wurde die sog. Erstausstattung übergeben (Einzelkundenkalkulation, Auflistung der Ergebnisbeiträge aller Kunden eines Kundenbetreuers, KUKA-Handbuch).
In der zweiten Runde wurden
– Verständnisfragen geklärt,
– ein Repetitorium anhand eines Lernfragenkatalogs durchgeführt und
– ausgewählte Einzelkundenkalkulationen durch die Teilnehmer interpretiert.
Die dritte Runde befaßt sich schließlich (und geht damit über den Charakter einer reinen Schulung hinaus) mit

- dem Erarbeiten von Ansatzpunkten für das operative (ggf. auch strategische) Marketing – z. B. Diskussion über Konditionenpolitik – und
- der Frage, welche Daten aus dem FIS auf welcher Verdichtungsstufe künftig Gegenstand von Zielvereinbarungen / Planungen sein sollen.
● Teilnehmer dieser intern durchgeführten Schulungen sind Kundenbetreuer, Bereichs- und Abteilungsleiter, selbstverständlich auch Mitglieder der Geschäftsleitung (modifiziert) sowie diverse Mitarbeiter aus dem Stabs- und Betriebsbereich. Der Teilnehmerkreis ist jeweils recht klein (6–9 Personen). Jede Runde dauert etwa 2 1/2 – 3 1/2 Stunden.
● Die Erstschulung umfaßt den Zeitraum Herbst 1987 – Frühjahr 1988. Erfahrungsaustausche sind ab Anfang des 2. Halbjahrs 1988 geplant.

5. Ausblick

Die Schwerpunkte der weiteren Tätigkeit werden sein:
- der Abschluß der Erstschulung,
- die Überarbeitung der Konditionierung (u. a. mit der Folge eines geänderten, möglicherweise gestrafften Gebührenkatalogs),
- die Bestandsaufnahme der FIS-Daten für die Strategie der Bank (Zielgruppen, Produktgruppen, Regionen) mit der Ableitung von Maßnahmen,
- das operative Marketing mit diversen Einzelaktionen
  und
- die Weiterentwicklung des (auf 1 Jahr bezogenen) Budgetierungsprozesses.
Als Beispiel für vermutete Konsequenzen aus dem FIS seien genannt:
- ergebnisorientierte Kundenbetreuung,
- z.T. Verlagerung, z.T. Bestätigung von strategischen Geschäftsfeldern,
- Änderung der Aufbauorganisation,
- stärkeres Ergebnisbeitragsdenken der Mitarbeiter,
- veränderte Personalpolitik
  sowie
- in Teilbereichen modifizierte Ablauforganisation und Rückwirkungen auf die Prioritätensetzung bei künftigen EDV-Projekten.
Zum Abschluß der Ausführungen ist es den Autoren wichtig, auf die recht günstigen Voraussetzungen für den Aufbau des FIS bei Merck, Finck & Co. hinzuweisen:
- der klare, den Mitarbeitern der Bank gegenüber zum Ausdruck gebrachte Wille der Geschäftsleitung zum Aufbau und Einsatz eines Controlling-Systems – verbunden mit einer entsprechenden Investitionsbereitschaft –,
- ein weitgehender Interessengleichklang zwischen den Hauptbeteiligten, der Geschäftsleitung, dem Controlling, der Organisation / EDV und dem externen Berater,
- die frühzeitige Einbeziehung der Marktbereiche,
- personelle Kontinuität
  und
- die mittel- bis langfristige Ausrichtung, sprich: Verzicht auf Übergangslösungen.

Die Einführung von entscheidungs-
orientierten Steuerungssystemen
– Voraussetzungen und Konsequenzen –

Dr. Stephan Schüller

Das Thema des „richtigen" Verrechnungszinssatzes und hier insbesondere die von amerikanischen Kreditinstituten übernommene sogenannte Marktzinsmethode beherrscht hierzulande die jüngere bankbetriebswirtschaftliche Diskussion.
Neben der für den Wertbereich der Bank wichtigen Verrechnungszinsmethode ist aber auch die sinnvolle und logische Verknüpfung mit anderen Kalkulationselementen von entscheidender Bedeutung für den Erfolg einer Steuerungskonzeption. Darüber hinaus ist die Umsetzung eines gedanklichen Kalkulationsmodells in faßbare Veränderungen im Verhalten und in der Struktur einer Bank letztendlich der Gradmesser für die Frage, inwieweit sich ein Investment in neue Führungsinformationssysteme rechnet. Im folgenden sollen ein konzeptioneller Ansatz der Steuerung eines Kreditinstitutes, seine Implementierung in eine Bank und die wesentlichen Wirkungen auf das Gesamtinstitut vorgestellt werden:

I. Grundzüge eines steuerungsadäquaten Kalkulationsmodells

Die hier dargestellte Steuerungskonzeption für Banken ist im wesentlichen durch fünf Merkmale gekennzeichnet:
1. Die Aufspaltung des Gesamterfolges erfolgt nach Steuerungsbereichen, für die unterschiedliche Ertragsmechanismen gelten und die ein eigenständiges Managementverhalten erfordern.
2. Alle Kalkulationsergebnisse lassen sich eindeutig und lückenlos in das bilanzielle Rechenwerk einer Bank überführen.
3. Die angewandten Kalkulationsverfahren sind verursachungs- und verantwortungsgerecht aufgebaut und erfüllen das Merkmal „entscheidungsorientiert".
4. Die einzelnen Ergebnisbestandteile können entsprechenden Organisationseinheiten zugeordnet werden.
5. Die notwendige Flexibilität und Auswertbarkeit des Systems wird durch eine vollständige EDV-Integration sichergestellt.

1. Aufspaltung von Steuerungsbereichen

Die zunehmende Komplexität bankbetrieblicher Abläufe, die ständig wachsenden Betriebsgrößen und letztlich ein steigender Wettbewerbsdruck erzwingen eine detaillierte Analyse der Erfolgs- bzw. Mißerfolgsquellen einer Bank. Die Erkenntnis, daß in den verschiedenen Managementbereichen völlig andere Ergebnismechanismen gelten und teilweise völlig unterschiedliche Managementfähigkeiten erforderlich sind, führt konsequenterweise dazu, die Verantwortung für Teilbereiche auch organisatorisch zu verankern, um so die Vorteile von Spezialisierung und präziser Aufgaben- und Ergebnisverantwortung für eine Bank nutzbar zu machen. Somit müssen für jeden Managementbereich auch notwendigerweise entsprechende Controllinginformationen bereitgestellt werden.

Für ein adäquates Steuerungskonzept ist es daher erforderlich, die wichtigsten Ergebnisbereiche zu identifizieren und diese mit geeigneten Kalkulationsregeln und -instrumenten miteinander zu verknüpfen.

Der Aufteilung in die in Abb. 1 gezeigten Steuerungsbereiche liegt die Überlegung zugrunde, daß diese Ergebniskomponenten ein eindeutig unterschiedliches Managementsystem und -verhalten erfordern.

(1) Im Marktergebnis werden die im Geschäft mit den Kunden erzielten Bruttobeiträge, d. h. Zins- und Provisionsergebnisse, erfaßt und mit (Standard-)Stückkosten bewertet. Die Beiträge des Zinsgeschäftes ergeben sich dabei aus der Gegenüberstellung der effektiv erlösten / gezahlten Zinsen und den dem Einzelgeschäft zuzuordnenden Kapitalmarktopportunitäten.

Das Marktergebnis zeigt somit den mit Standardkosten bewerteten Ergebnisbeitrag des Kundengeschäfts.

(2) Das Produktivitätsergebnis einer Bank basiert auf dem Vergleich zwischen den zu Standardpreisen an einen Kunden abgegebenen Leistungen und dem tatsächlichen Leistungsverzehr, oder anders ausgedrückt, auf dem Vergleich zwischen Standard- und Ist-Kosten. Diese Ergebnisgröße zeigt also auf, wie effizient eine Bank ihre Leistungen für ihre Kunden erstellt hat.

(3) Das dritte Steuerungselement stellt das Risikoergebnis dar; es beinhaltet einen Vergleich zwischen einem erwarteten bzw. geplanten „Standardrisiko" und dem tatsächlich eingetretenen (Ausfall-)Risiko.

(4) Das Handelsergebnis zeigt den Erfolg aller Aktivitäten einer Bank im Geld-, Devisen- und Wertpapierhandel.

(5) Das Transformationsergebnis gibt an, in welchem Umfang eine Bank von den Zinsunterschieden für unterschiedlich lange Laufzeiten für Geldaufnahme und Geldanlage bzw. für verschiedene Währungen Gebrauch gemacht hat.

Bei den drei erstgenannten Steuerungsbereichen erfolgen die Steuerungsimpulse insbesondere aus dem Vergleich von Ist-Größen und den entgegenzuhaltenden Standards. Bei den beiden letztgenannten Bereichen ist es schwierig, eine ökonomisch sinnvolle Standardgröße als Meßlatte für die Ertragsstärke dieser Bereiche zu definieren. Denkbar wäre z. B. auch hier, Durchschnitte vergangener Perioden oder angenommene Plangrößen anzusetzen. Da das Eintreten dieser Ist-Größen aber in hohem Maße von nicht beeinflußbaren Marktsituationen bestimmt ist, wird in dem hier vorgestellten Ansatz auf die Bewertung dieser Ergebnisse mit Standards verzichtet.

2. Überführbarkeit der Kalkulationsergebnisse in Zahlen des externen Rechnungswesens

Die Ergebnisse eines laufenden, in die Entscheidungsprozesse der Bank nahtlos integrierten Kalkulationsmodells müssen vollständig und eindeutig in die Ergebnisse des bilanziellen — externen — Rechnungswesens überführt werden können. Die Abb. 2 zeigt, daß aus jedem Steuerungsbereich Komponenten extrahiert werden können, die zusammengefaßt das Ist-

Betriebsergebnis einer Bank ergeben. Dieses Ist-Ergebnis läßt sich somit lückenlos nachweisen.

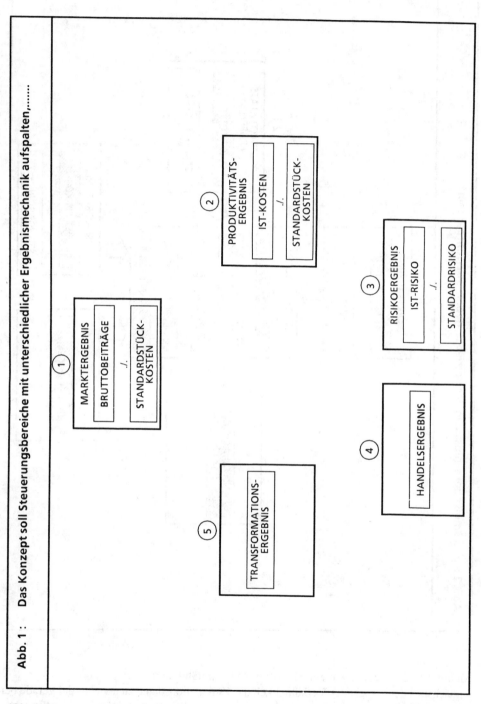

Abb. 1 :   Das Konzept soll Steuerungsbereiche mit unterschiedlicher Ergebnismechanik aufspalten,......

① MARKTERGEBNIS
BRUTTOBEITRÄGE
./.
STANDARDSTÜCK-KOSTEN

② PRODUKTIVITÄTS-ERGEBNIS
IST-KOSTEN
./.
STANDARDSTÜCK-KOSTEN

③ RISIKOERGEBNIS
IST-RISIKO
./.
STANDARDRISIKO

④ HANDELSERGEBNIS

⑤ TRANSFORMATIONS-ERGEBNIS

Abb. 1

113

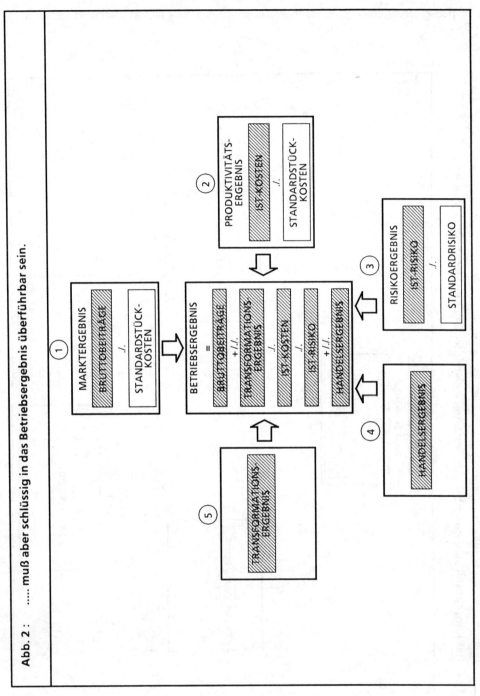

Abb. 2 :   ..... muß aber schlüssig in das Betriebsergebnis überführbar sein.

Abb. 2

Mehrere Gründe verlangen eine derartige Abstimmfähigkeit:

Zunächst ist der Aspekt der Verläßlichkeit der Kalkulationsdaten zu nennen, der gerade bei umfassenden und permanent erstellten Kalkulationen eine Plausibilitäts- und Vollständigkeitskontrolle erforderlich macht. Letztendlich muß von der These ausgegangen werden, daß nur ein vollständiges, überschneidungsfreies und eindeutiges Steuerungssystem die notwendige Dezentralisation bzw. Delegation von Aufgaben und Kompetenzen für einzelne Ergebnisbereiche ermöglicht. Aus diesem Grunde dürfen auf keinen Fall im internen Rechnungswesen kalkulatorische Scheinwelten konstruiert werden, die nicht zumindest über geeignete Kontrollrechnungen in die Bilanzzahlen überführt werden können. Eng damit zusammen hängt als weiterer Grund die notwendige Akzeptanz bei allen Bankmitarbeitern. Insbesondere wenn neue Steuerungskonzepte bzw. einzelne Kalkulationsmodule wie z. B. die Marktzinsmethode im Zinsgeschäft – man denke an die Eliminierung von Fristentransformationsergebnissen – die Ertragswirklichkeit völlig anders darstellen als bislang gewohnt, ist es erforderlich, den vollständigen Nachweis anzutreten, daß keine Erträge in einer unüberprüfbaren Kalkulationsmaschinerie verschwinden oder mehr Erträge ausgewiesen werden, als tatsächlich verdient wurden. Andererseits dürfen Erträge nicht doppelt verrechnet werden, ein Vorwurf, der gerade den „traditionellen" Steuerungskonzepten häufig gemacht wird. Im übrigen muß vermieden werden, daß nicht sauber nachweisbare kalkulatorische Effekte den Blick für die tatsächliche Ertragsentwicklung verstellen. Diesem Argument ist insbesondere dann ein hoher Stellenwert beizumessen, wenn beabsichtigt ist, in regelmäßig erstellten Ergebnisinformationen umfangreich kalkulatorische Effekte wie z. B. Grundsatzkosten zu berücksichtigen.

3. Kalkulationssystematiken für die einzelnen Ergebnisbereiche

Die einzelnen Kalkulationsergebnisse müssen mit Verfahren ermittelt werden, die zumindest zwei grundsätzlichen Anforderungen genügen:
– Teilergebnisse müssen verursachungs- bzw. verantwortungsgerecht zugeordnet werden,
– Planungs- und Kontrollinformationen müssen ineinander überführbar sein.
Die wesentlichen Systemmerkmale eines solchen Kalkulationskonzeptes werden im folgenden dargestellt. Die Darstellung orientiert sich am in Abb. 3 gezeigten, vereinfachten Deckungsbeitragsschema der Kalkulation für ein Einzelgeschäft:

(1) Kalkulation im Zins- und Provisionsbereich
Ausgangspunkt der Kalkulation im Zinsgeschäft bildet die Marktzinsmethode. Sie entspricht am ehesten den obengenannten Kriterien. Für jedes Einzelgeschäft werden der vereinbarte Effektivzins und der zugehörige zinsbindungskongruente Verrechnungszins ermittelt. Die Effektivzinssätze werden aus den vereinbarten Konditionsbestandteilen für die gesamte Zinsbindungsfrist als konstante Größe errechnet. Die Verrechnungszinssätze werden tagegenau dem Kalkulationssystem für alle gängigen Laufzeiten zur Verfügung gestellt. Verrechnungszinssätze für gebrochene Laufzeiten werden ebenfalls tagegenau über ein geeignetes Interpolationsverfahren dargestellt. Aus dieser Zinsdifferenz und dem Volumen des Einzelgeschäfts wird der sogenannte Zinskonditionenbeitrag ermittelt. Das Ergebnis des Provisionsgeschäftes wird im Dienstleistungsergebnis als Differenz zwischen den einem Geschäft zuzuordnenden Provisionserträgen und den ggf. gegenzurechnenden Provisionsaufwendungen dargestellt.
Häufig wird die Frage diskutiert, inwieweit kalkulatorische Effekte in die Ermittlung des Zinsnutzens eingerechnet werden sollen. In dem hier gezeigten Konzept werden lediglich Wertstellungsnutzen und Mindestreservekosten berücksichtigt; der Wertstellungsnutzen stellt eine vom Kundenbetreuer zu beeinflußende, real eintretende Ertragsgröße dar, und die Mindestreservekosten fallen unmittelbar mit einem reservepflichtigen Passivgeschäft an.

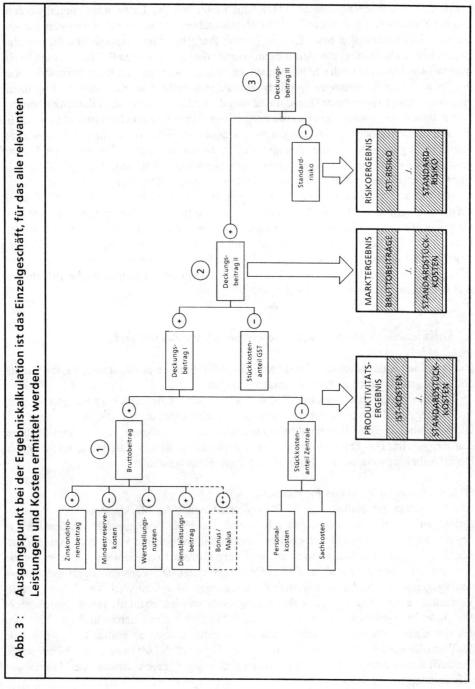

Abb. 3 : Ausgangspunkt bei der Ergebniskalkulation ist das Einzelgeschäft, für das alle relevanten Leistungen und Kosten ermittelt werden.

Abb. 3

Alle skizzierten Größen ergeben den sogenannten Bruttobeitrag, er zeigt an, welche Erlöse die Bank vor Abzug von Kosten im Geschäft mit ihren Kunden erzielt hat.

Über die hier bereits genannten Elemente des Bruttobeitrages hinaus wird insbesondere die Berücksichtigung kalkulatorischer Eigenkapital- und Grundsatzkosten diskutiert. Für die Einbeziehung dieser Effekte in die Kalkulation sind mehrere Aspekte bedeutsam:

- Die Aufteilung der Eigenkapitalkosten wird immer willkürlich sein; auf folgende Fragen können höchst unterschiedliche Antworten gegeben werden:
  - Müssen Eigenkapitalkosten nur vom Kundengeschäft oder auch vom Eigengeschäft getragen werden?
  - Dient das Eigenkapital nur dem Aktiv- oder auch dem Passivgeschäft?
  - Müssen die Eigenkapitalkosten nicht auch durch die „dauernden Anlagen" im Sinne des § 12 KWG erwirtschaftet werden?
- Grundsatzkosten dürfen im strengen Sinne nur im Engpaßfall berechnet werden. In der Praxis aber sind die Grundsätze nicht immer oder wechselnder Engpaß.
- Die Kalkulation derartiger Effekte erschwert oder verhindert sogar die Abstimmbarkeit der Kalkulationsdaten mit den Zahlen des bilanziellen Rechenwerks.
- Die Einfügung dieser Kosten erschwert eine „saubere" Preisuntergrenzenbestimmung.

Diese kalkulatorischen Effekte sollten daher keinen Eingang in die laufende Kalkulation finden, sie sollten aber bei grundsätzlichen strategischen Überlegungen je nach Fragestellung mit berücksichtigt werden.

Eine weitere kalkulatorische Größe im Wertbereich stellt die sogenannte Bonus-/Malus-Steuerung dar. Sie ist das Bindeglied zwischen den Zinskonditionenbeiträgen und dem Transformationsergebnis. Das Transformationsergebnis besteht aus der Differenz zwischen den aktivischen und passivischen gewogenen Verrechnungszinssätzen.

Es spiegelt für das Neugeschäft die jeweilige aktuelle Zinsstruktur und in der Summe aller Einzelgeschäfte die Verrechnungszinsstruktur an den jeweiligen Abschlußtagen wider. Da bei bestimmten erwarteten Zinsstrukturen Geschäfte, die de facto aktuell nicht ertragsstark sind, künstlich „subventioniert" werden müssen, damit sie trotzdem getätigt werden (und vice versa), wird über einen Bonus (Malus) der Verrechnungszins und damit der Zinskonditionenbeitrag des Kundengeschäfts zu Lasten (Gunsten) des Transformationsergebnisses korrigiert.

Für die Bonus-/Malus-Steuerung müssen folgende Punkte berücksichtigt werden:

- Die „Feinsteuerung" erfordert ein flexibles Bonus-/Malus-System, wobei man sich des „Steuerungseffektes" deutlich bewußt sein sollte. Dieses Kalkulationselement darf nur zur kurzfristigen Steuerung, nicht aber zur strukturellen Subvention einzelner Geschäftsarten verwandt werden.
- Die Bonus-/Malus-Steuerung sollte nur als „Nullsummenspiel" angewendet werden. Die Gewährung eines Bonus muß also immer zwangsläufig mit einem Malus für andere Erfolgsebenen verbunden sein, weil ansonsten der Wunsch nach Bonifikation ungehindert das Bankergebnis verschleiert.
- Eine laufende Bonus-/Malus-Steuerung sollte erst nach einer gewissen Zeit des Arbeitens mit einem entscheidungsorientierten Steuerungssystem eingeführt werden, damit nicht gleich zu Anfang negative Ertragsstrukturen durch dieses ergänzende Kalkulationselement übertüncht werden.

Generell sollte man sich bei der Bonus-Malus-Problematik bewußt sein, daß der Bereich des „sauberen" Messens und Kalkulierens verlassen wird; es sich mithin um echte und gewollte Steuerung handelt.

(2) Kalkulation im Betriebsbereich

Die Kalkulation im Betriebsbereich dient primär zwei Zwecken:

- der Ermittlung von Stückkosten für erbrachte (Teil-)Leistungen und
- der Darstellung der einem organisatorischen Bereich zuzuordnenden Kosten.

Für die Kalkulation des Marktergebnisses interessieren zunächst die zugrundezulegenden Stückkosten. Diese Stückkosten müssen, um zu einer integrierten Gesamtbanksteuerung zu gelangen, mit dem Produktivitätsergebnis verknüpfbar sein. Sie stellen somit, wie in Abb. 4 gezeigt, eine integrative Komponente zwischen Markt- und Produktivitätsergebnis dar.

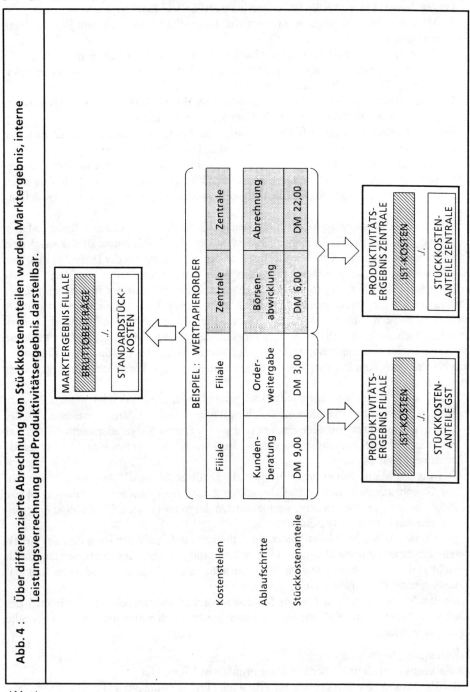

Abb. 4 : Über differenzierte Abrechnung von Stückkostenanteilen werden Marktergebnis, interne Leistungsverrechnung und Produktivitätsergebnis darstellbar.

Abb. 4

Bei der Festlegung einer Stückkostenkonzeption sind verschiedene Anforderungen zu beachten:

- ○ Die Stückkosten müssen für Preisuntergrenzenentscheidungen brauchbar sein,
- ○ sie sollen zugleich Indikator für ökonomisch nicht sinnvoll ausgelastete Kapazitäten sein und
- ○ sie sollen als Element eines Verrechnungspreissystems dienen können.

Diese drei Punkte führen zu folgenden konzeptionellen Konsequenzen:

- In Abhängigkeit von der Fähigkeit der Anwender, die gewonnenen Kalkulationsergebnisse sinnvoll zu nutzen, müssen Definition und Anzahl der möglichen Preisuntergrenzen festgelegt werden. Im in Abb. 5 gezeigten Beispiel bestehen zwei derartige Untergrenzen:
  Die erste liegt bei den Stückkosten, die für eine Bearbeitung in allen betroffenen Kostenstellen anfallen. Im Sinne einer langfristigen Betrachtung müssen über alle Einzelgeschäfte im Durchschnitt die Kosten, die den kunden- bzw. produktionsbezogenen Kostenblock darstellen, gedeckt werden. Für die kurzfristige zweite Preisuntergrenze hingegen müssen lediglich die Stückkostenanteile gedeckt sein, die für die Bearbeitung einer Leistung in der Zentrale anfallen, da ein Profit-Center im Wege der innerbetrieblichen Leistungsverrechnung zunächst diese Kostenbestandteile zu tragen hat.
- Mit dieser Aufteilung der Stückkosten wird es möglich, die notwendige Gemeinsamkeit zwischen Kundenkalkulation und Profit-Center-Rechnungen herzustellen (Abb. 5).
  Geschäfte, die die Stückkostenanteile für die Produktion nicht decken, sind im Deckungsbeitrag 1 einer Kundenkalkulation negativ und verringern gleichzeitig den Deckungsbeitrag eines Profit-Centers, weil diese Stückkostenanteile als interne Verrechnungspreise an die Zentrale zu zahlen sind.
  Inwieweit ein Profit-Center-Leiter darüber hinaus auf die Deckung seiner auf ihn entfallenden Stückkostenanteile hinarbeitet, bleibt im Sinne einer pretialen Steuerung ihm überlassen: er kann z.B. vorübergehend vorhandene Leerkapazitäten durch Grenzgeschäfte ausnutzen, er kann aber auch den tatsächlichen Leistungsverzehr innerhalb seines Profit-Centers, der ja ggf. von bankweit geltenden durchschnittlichen Stückkostensätzen deutlich abweichen kann,[1] individuell berücksichtigen; mit anderen Worten, er kann den Ressourceneinsatz in seinem Profit-Center unter Berücksichtigung eigener Ertragschancen und gegebener Kapazität autonom steuern.
- Daraus wird deutlich, daß Stückkostensätze, die gleichzeitig der Steuerung der Produktion dienen sollen, nur für Leistungen angesetzt werden dürfen, die auch tatsächlich in nahezu industriell organisierten Produktionsprozessen hergestellt werden.
  Sie haben sich mithin an vorgegebenen Standardabläufen zu orientieren. Die zugrundeliegenden Kostenbestandteile müssen darüber hinaus von allen Größen bereinigt werden, die nicht unmittelbar produktionsabhängig sind.
- Damit können Zentrale Produktionsabteilungen im Rahmen des Ausweises eines Produktivitätsergebnisses entlastet werden. In letzter Konsequenz steht hinter dieser Konzeption die Annahme, daß die Ablehnung von Geschäften, die nicht den Break-even-Punkt[2] erreichen, in kumulierter Zahl auch zu einer realisierbaren Kapazitätsreduzierung führen kann.
- Die Stückkostenanteile, die für die Bearbeitung eines Produktes im Profit-Center selbst anfallen, basieren ebenfalls auf zugrundeliegenden Standardablaufschritten.

---

1 Das gilt insbesondere für häufig nicht standardisierbare, „vor Ort" erbrachte individuelle Absatzleistungen.
2 Dabei bleibt allerdings zu berücksichtigen, daß nicht alleine das Einzelgeschäft entscheidend ist für die Ablehnung, sondern die Ertragssituation der gesamten Kundenverbindung.

Aus dem Zusammenhang mit einer bankenweit zu beobachtenden Tendenz, standardisierbare und automatisierbare Tätigkeiten zu zentralisieren und gleichzeitig die Anfertigung individueller „Maßanzüge" in die im Kundenkontakt stehenden Profit-Center zu verlagern, ergibt sich hieraus ein geringerer „Härtegrad" dieser Stückkostenanteile.

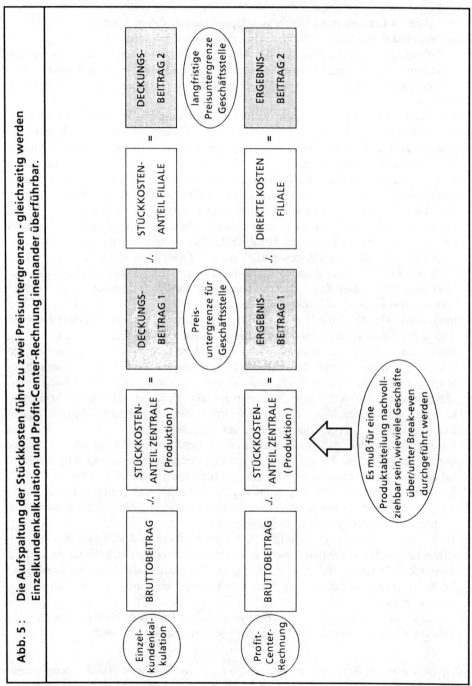

Abb. 5 : Die Aufspaltung der Stückkosten führt zu zwei Preisuntergrenzen - gleichzeitig werden Einzelkundenkalkulation und Profit-Center-Rechnung ineinander überführbar.

Abb. 5

Die auf dieser kurz skizzierten Kostenkonzeption basierenden Stückkosten ermöglichen eine Bewertung der am Markt erzielten Bruttobeiträge mit an Standardabläufen orientierten Stückkosten im Marktergebnis. Sie eliminieren mögliche Verzerrungen durch Leerkapazitäten und Unwirtschaftlichkeiten und verhindern somit die Gefahr, die Rentabilität von Kundenbeziehungen über „verrechnete" Produktivitätsprobleme in Frage zu stellen.

Damit ist gleichzeitig ein weiterer Komplex der Kostenrechnung im Betriebsbereich angesprochen: der Ausweis der Kosten, die einer Organisationseinheit verursachungsgerecht zuzuordnen sind, und − soweit ökonomisch sinnvoll möglich − die Beantwortung der Frage nach der Angemessenheit der Kosten. Dies führt zur Ermittlung des Produktivitätsergebnisses.

Generell gilt, daß alle einer Kostenstelle verursachungsgerecht zuzuordnenden Kosten Bestandteil des Produktivitätsergebnisses sind.

Reine Overheadkostenstellen (die keine über innerbetriebliche Leistungsverrechnungen „absatzfähigen" Produkte bzw. Vorprodukte herstellen) haben immer ein negatives, nicht näher aufgespaltenes Produktivitätsergebnis, das als einzige Komponente die tatsächlichen Ist-Kosten enthält. Damit wird vermieden, daß derartige Kostenstellen einen Teil ihrer Kosten mehr oder weniger willkürlich an den verbleibenden Teil der Bank weiterverrechnen. Die Steuerung dieses Gemeinkostenblocks erfolgt durch einen an den Verfahren der Wertanalyse bzw. des Zero-base-budgeting orientierten Planungs- und Kontrollprozeß.

Für alle anderen Kostenstellen der Bank werden die Ist-Kosten nach ihrer Produktionsabhängigkeit aufgespalten. Alle produktionsunabhängigen Kosten führen zu partiell negativen Produktivitätsergebnissen, wobei diese allerdings − insbesondere bei vergleichbaren Profit-Centern wie z. B. gleichartigen Filialen − über geeignete Standards, Plausibilitäten und strategische Rahmenvorgaben zumindest teilweise auf Angemessenheit überprüft werden können.

Allen produktionsbezogenen Kostenstellen-Kosten werden die jeweilig zugehörigen Stückkostenanteile, multipliziert mit den jeweils erbrachten Produktionsmengen, gegenübergestellt. Diese verrechneten Standardpreise stellen quasi den Innenumsatz einer solchen Kostenstelle dar.

Die Differenz zwischen den Kosten einer Stelle und den verrechneten Stückkostenanteilen zeigt, inwieweit die Kapazität einer Stelle tatsächlich genutzt wurde, oder ob von den Standardstückkosten zugrundeliegenden Abläufen und Standardkosten abgewichen wurde.

(3) Kalkulation im Risikobereich

Gegenstand dieses Kalkulationsbereiches ist die Behandlung der Risikokosten im internen Rechenwerk einer Bank. Das Risikoergebnis ist definiert als Differenz zwischen Ist-Risiko und verrechnetem Standardrisiko.

Während ex post alle Risikokosten verursachungsgerecht zugeordnet werden können (dann aber unglücklicherweise nicht mehr entscheidungsrelevant sind), stellt sich die Frage, wie den zu erwartenden, aber nicht lokalisierbaren Ausfällen kalkulatorisch begegnet werden kann.

Zweck des Risikoergebnisses ist es,
− einem Geschäft bereits beim Abschluß einen angemessenen Beitrag zur Deckung der Risikokosten anzulasten und
− einen Angemessenheitsindikator im Sinne einer Standardgröße für das tatsächlich eingetretene Risiko darzustellen.

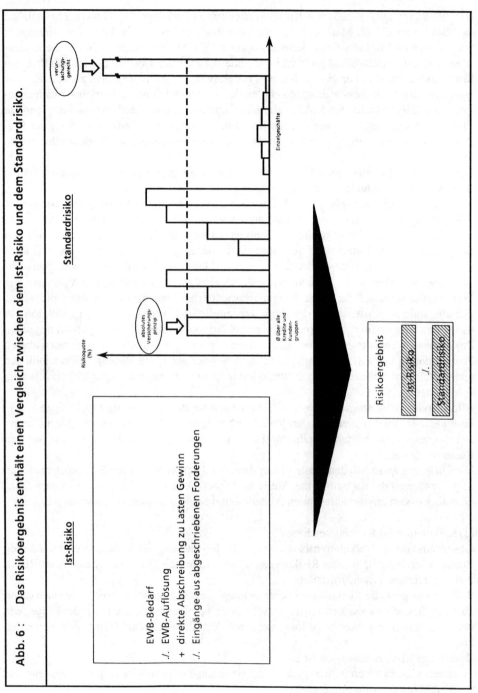

Abb. 6 : Das Risikoergebnis enthält einen Vergleich zwischen dem Ist-Risiko und dem Standardrisiko.

Abb. 6

Wie in Abb. 6 gezeigt, bewegen sich die Alternativen einer Zuordnung angemessener Standardrisikokosten zwischen dem absoluten Verursacherprinzip und einem pauschalen Versicherungsprinzip. Kernproblem für die Wahl derartiger Risikokostensätze ist die Frage der

Abbildung der „Bonitätsrealität" und der möglichen Steuerungswirkungen. Das bedeutet, daß Produkten bzw. Kundengruppen mit unterschiedlichen Ausfallwahrscheinlichkeiten unterschiedliche Risikokosten zugeordnet werden müssen. Diese Differenzierung muß so umfassend sein, daß Fehlsteuerungen im Kreditgeschäft weitgehend ausgeschlossen sind. Da in der Regel im Kreditgeschäft mit bonitätsmäßig zweitklassigen Schuldnern höhere Effektivsätze durchsetzbar sind, wird bei gleichen Risikoquoten c.p. eine höhere Marge erzielt, mithin eine gefährliche „Attraktivität" dieser Kundengruppe suggeriert.

Gleichzeitig ist die Frage zu untersuchen, welche Komponenten in das Ist-Risiko einzurechnen sind. Problematisch ist insbesondere die Tatsache, daß die Ist-Risikokosten nahezu nie periodengerecht zugeordnet werden können. Im übrigen stellt sich die Frage, ob eine gebildete, aber nicht mehr notwendige Einzelwertberichtigung das Ist-Risiko entlastet und somit wieder in das Profit-Center-Ergebnis einfließen soll oder aber ob grundsätzlich „Brutto"-Ist-Risiken den Vergleichen zugrundegelegt werden.

4. Organisatorische Verankerung der Ergebnisverantwortlichkeiten

Neben der Aufspaltung des Gesamtergebnisses in verschiedene abstrakte Steuerungsbereiche muß geklärt werden, wie diese Größen einzelnen organisatorischen Verantwortungsbereichen zugeordnet werden können. Sinnvoll ist eine Ergebnisaufspaltung nur dann, wenn für die einzelnen „Stellschrauben" eine klare Managementzuständigkeit besteht.

Das grundsätzliche Dilemma besteht darin, einerseits eine Mehrfachverrechnung von Ergebnisbeiträgen zu vermeiden, andererseits aber die verschiedenen „Ergebnissichten" auch zahlenmäßig transparent zu machen. In Abb. 7 wird ein denkbares Organisationsschema dargestellt und die Verantwortlichkeiten deutlich gemacht.

Vereinfachend lassen sich für die organisatorische Umsetzung einige Grundsätze formulieren:
− Die Verantwortung für operative Ergebnisbestandteile besteht bei allen operativen Einheiten.
  Konsequenterweise können nur Profit-Center Erträge zugeordnet bekommen, wohingegen Kosten in allen Profit- und Cost-Centern anfallen können. Mit anderen Worten: in einem Profit-Center besteht ein Markt-, ein Produktivitäts- und, soweit risikobehaftete Geschäfte betrieben werden, auch ein Risikoergebnis. Für Cost-Center lassen sich lediglich Produktivitätsergebnisse ermitteln.
− Für die Ergebnisse, die eine Bank mit ihren verschiedenen Kundengruppen erzielt, wird auf nachgelagerter, strategischer Ebene ein Kundengruppenergebnis mit den Elementen Markt- und Risikoergebnis ausgewiesen.
− Für die wesentlichen Produktgruppen der Bank werden analog zu den Kundengruppen die Ergebniskomponenten Markt-, Produktivitäts- und Risikoergebnis ermittelt.
− Für spezifische Fragestellungen einer flächendeckend operierenden Bank mit verschiedenen Vertriebskanälen kann darüber hinaus auch ein Regionalergebnis gezeigt werden, mit dem die Ergiebigkeit eines regionalen Marktsegments dargestellt wird.

Das Kalkulationssystem muß zwar eine Aggregation über alle die hier skizzierten Ebenen und Bereiche zulassen, es muß aber immer deutlich bleiben, daß das operative Ergebnis einer Bank nur einmal verteilt und verantwortet werden kann. Alle anderen Auswertungen ermöglichen den betroffenen Organisationseinheiten, im Sinne einer Querschnittsfunktion eine nachgelagerte, gesamtbankorientierte, strategische Ergebnisfunktion wahrzunehmen.

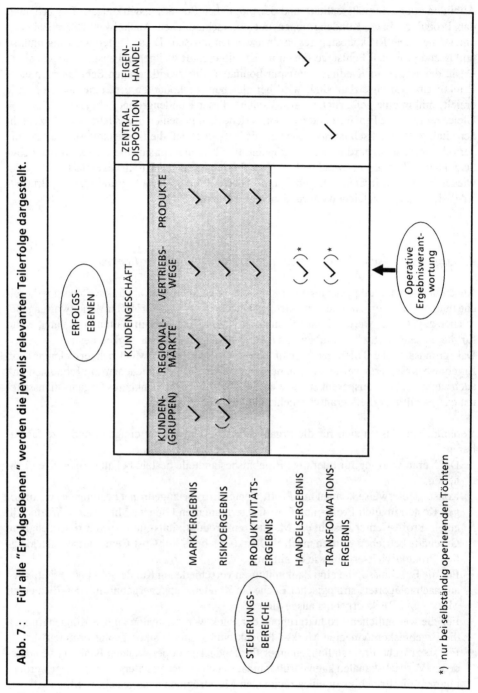

Abb. 7 : Für alle "Erfolgsebenen" werden die jeweils relevanten Teilerfolge dargestellt.

Abb. 7

124

5. EDV-Integration

Der Grundgedanke, daß die Steuerung einzelner Ergebnisbereiche auf verschiedene Entscheidungsträger aufgeteilt werden muß, erfordert eine ergebnisorientierte informatorische Fundierung der z. T. allerdings völlig unterschiedlich ablaufenden Entscheidungsprozesse. Da alle gedanklich getrennten Steuerungsbereiche, aber auch alle genannten Erfolgsebenen wie Kunden, Produkte, Regionen oder Vertriebswege mit ineinander überführbaren Ergebnisdaten unterstützt werden müssen, bildet das Einzelgeschäft die „größte gemeinsame Datenmenge". Beim einzelnen Geschäftsabschluß sind daher alle für die Kalkulation erforderlichen Einzeldaten abzuspeichern. Damit wird deutlich, daß erst die moderne Massendatenverarbeitung und die damit einhergehende Kostendegression den Betrieb derartiger Kalkulationssysteme technisch möglich und wirtschaftlich vertretbar macht.

Die Einzelgeschäftsdaten müssen − von wenigen Ausnahmen abgesehen − von vorhandenen Schlüsselsystematiken, Abrechnungsdaten der Konten und Stammdaten der Kunden abgeleitet werden. Damit kommt der Stabilität und Ergiebigkeit der operativen Systeme und der Qualität der Basisdaten eine wesentliche Bedeutung für die Verläßlichkeit der Kalkulationsdaten zu.

Eine zeitgerechte und flexible Informationsbereitstellung erfordert die Möglichkeit der individuellen Dialogabfrage von Ergebnisdaten.

Die zwangsläufig entstehenden großen Datenmengen müssen daher sinnvoll aggregiert werden. Denn während alle Standardauswertungen noch über große Datenbanken abgewickelt werden können, erfordert die Vorhaltung von online-auswertbaren Datenbeständen eine stark zusammengefaßte, aber aussagefähige Datenstruktur.

II. Implementierung

Für die Implementierung von entscheidungsorientierten Steuerungssystemen sind drei Problemkreise von Bedeutung:
1. Die Entwicklung, Fortschreibung und Präzisierung des fachlichen Konzeptes.
2. Projektorientierte Umsetzung.
3. Die Verankerung und „Nutzbarmachung" des Systems im laufenden Bankbetrieb.
Im folgenden sollen zu diesen drei Problemkreisen einige Anmerkungen dargelegt werden.

1. Entwickung und Fortschreibung des Fachkonzeptes

Die Entscheidung für ein modernes Steuerungssystem stellt sich als ein äußerst komplexes Problem dar. Es geht darum, die verschiedenen Ergebnisbereiche einer Bank zu identifizieren und ihre Steuerungs- bzw. Ergebnismechanismen realitätsnah abzubilden. Es geht im weiteren darum, Steuerungswirkungen des gedanklichen Modells auf das Verhalten der Bankmitarbeiter zu antizipieren, und es geht schließlich um die Erkenntnis, daß Steuerungsinstrumente auf ein bestimmtes Ziel hin wirken sollen und somit zu gravierenden Veränderungen im gesamten Unternehmensaufbau und -ablauf führen können.

Daher ist es für den Erfolg eines Steuerungssystems von entscheidender Bedeutung, bereits zu Anfang ein − wenn auch grobes − so doch umfassendes Gesamtkonzept der Banksteuerung zu entwickeln, in dem die wichtigsten und grundsätzlichen konzeptionellen Fragen bereits relativ weit geklärt sind. Es ist selbstverständlich, daß dieses grobe Gesamtkonzept, das am Anfang einer solchen Systementwicklung steht, permanent überarbeitet bzw. ergänzt wird. Trotzdem ist ein solches Konzept aber erforderlich, um innerhalb des Projektverlaufs die Aktivitäten in eine sinnvolle Zielrichtung zu bündeln. Parallel zur fachlichen Entwicklung des Gesamtkonzeptes muß mit allen Führungsgremien des Hauses, insbesondere mit dem Vorstand bzw. der Geschäftsleitung, die hinter dem System liegende Steuerungsphilosophie eindeutig definiert bzw. weiter entwickelt werden.

Die Klarheit in der Steuerungsphilosophie ist erforderlich, weil letztendlich sehr weitreichende, nahezu philosophische Fragen, Auswirkung auf die konkrete Gestaltung beispielsweise einer Profit-Center-Kalkulation haben. Es liegen z. B. deutliche Unterschiede in der Auffassung, inwieweit dezentrale Niederlassungsleiter gewissermaßen als eigenständige Unternehmer agieren sollen oder aber als reine Vertriebsmanager – mit entsprechenden Auswirkungen auf die inhaltliche Ausgestaltung des Steuerungssystems.

Im ersten Fall wird einem solchen Niederlassungsleiter eine relativ breite Entscheidungsverantwortung gegeben, so daß auch die durch ihn beeinflußbaren Aufwendungen und Erträge im System berücksichtigt werden müssen, wohingegen der Niederlassungsleiter im zweiten Fall in der Rolle des Vertriebsmanagers lediglich die durch den Vertrieb zu tragenden Erfolgs- und Aufwandskomponenten zugerechnet bekommen darf.

Es muß an dieser Stelle ausdrücklich betont werden, daß – je logischer und konsequenter das Steuerungssystem verschiedene Ergebnisbereiche gedanklich aufspaltet – erhebliche Konsequenzen für die Gesamtstruktur der Bank zu erwarten sind. Da der Erfolg dieser Systeme letztendlich davon abhängt, daß die Geschäftsleitung die Steuerungsimpulse auch konsequent in Veränderungen umsetzt, ist die einvernehmliche Fortschreibung der Steuerungsphilosophie von entscheidender Bedeutung.

2. Projektorientierte Umsetzung

Die Realisierung eines komplexen Steuerungssystems erfolgt sinnvollerweise durch eine Projektorganisation.

Ausgehend von dem groben Gesamtkonzept sind zunächst die einzelnen Entwicklungsstufen für das gesamte Projekt festzulegen. Wichtig ist dabei, daß bei allen Realisierungsstufen Einschnitte vorgesehen werden, die eine Rückkopplung zum Gesamtkonzept erlauben, damit aus den Erfahrungen der Teilprojekte entsprechende Modifikationen des Gesamtprojektes und der folgenden Stufen abgeleitet werden können. Einen derartigen Stufenplan zeigt beispielhaft Abb. 8.

Kriterien für die Definition der einzelnen Teilprojekte sind einerseits der Bedarf der Bank an Steuerungsinformationen und andererseits das vorhandene DV-technische und organisatorische Umfeld. Der „Bankbedarf" hängt ab vom Stand der bereits vorhandenen Informationsinstrumente hinsichtlich konzeptioneller Qualität, zeitlicher Aktualität etc. und dem erwarteten Nutzen einzelner Systembestandteile. Es ist also sinnvoll, diejenigen Systemkomponenten zuerst zu realisieren, von denen man sich die größten Auswirkungen auf die Ertragsverbesserung verspricht:

Ein Institut mit einer relativ problematischen Risikosituation wird daher am ehesten Systemerfolge realisieren, wenn es auch das Risikoergebnis in den zeitlichen Vordergrund der konzeptionellen Entwicklung stellt. Die Mehrzahl der deutschen Kreditinstitute konzentriert sich beim Ausbau ihrer Steuerungsinstrumentarien zunächst auf das Marktergebnis und hier insbesondere auf das Instrument der Einzelkundenkalkulation. Die dahinterliegende Begründung dürfte darin zu vermuten sein, daß in der Unterstützung des Vertriebs und der damit verbundenen besseren Durchdringung und Ausnutzung der Marktchancen die weitaus größten Ertragspotentiale gesehen werden. Ein weiterer Grund dürfte auch darin liegen, daß die Marktergebniskalkulation für viele weitere Projektschritte eine sinnvolle Basis bildet, da – wie bereits erwähnt – der Ausgangspunkt dieser Kalkulation das Einzelgeschäft ist.

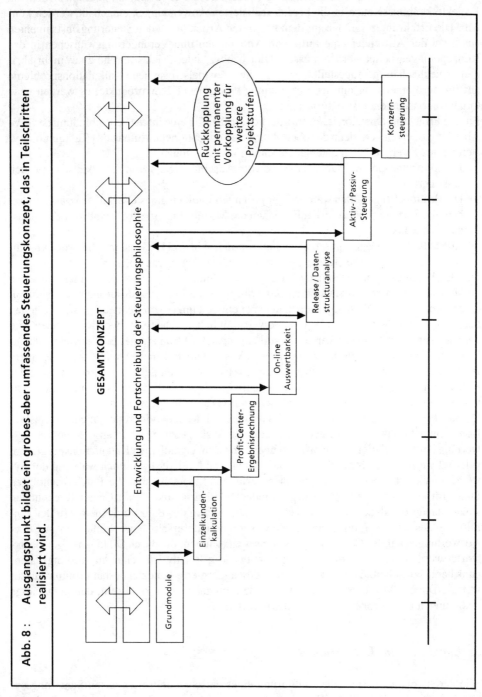

Abb. 8 : Ausgangspunkt bildet ein grobes aber umfassendes Steuerungskonzept, das in Teilschritten realisiert wird.

Abb. 8

Hinsichtlich der vorgefundenen Rahmenbedingungen ist es zweckmäßig, sich auf die Bereiche zu konzentrieren, in denen die operativen DV-Systeme relativ stabil und bei denen die organisatorischen Aufbau- und Ablaufregelungen eindeutig sind. Für den gesamten Projektablauf ist es sinnvoll, an festzulegenden Zeitpunkten einen Zeitraum vorzusehen, an dem die Projekterkenntnisse auch in die bereits realisierten Anwendungen eingebaut werden können. Die Erfahrung zeigt, daß aus dem konkreten Arbeiten mit den Steuerungsinstrumenten aus Sicht der Anwender eine Fülle von Anregungen und Veränderungswünschen in das Konzept eingearbeitet werden müssen. Gleichzeitig ändern sich während eines mehrjährigen Projektes häufig Fragestellungen, es treten beispielsweise neue Kalkulationsprobleme auf im Zusammenhang mit der Entwicklung völlig neuer Bankprodukte, es werden neue Organisationseinheiten strukturiert etc.

Für die Projektorganisation ist es erforderlich, frühzeitig eine intensive Einbindung der DV-Abteilung zu erreichen, denn der oben skizzierte konzeptionelle Aufbau des Kalkulationssystems führt zu erheblichen datentechnischen Fragestellungen:

- Jeder einzelne Geschäftsabschluß wird vom Abschlußtag bis zum Fälligkeitsdatum auch kalkuliert.
- Die Bruttobeiträge sollen während der gesamten Laufzeit eines Geschäftes konstant bleiben; das setzt zumindest in Teilbereichen die Mitführung eines vollständigen Zahlungsplanes voraus.
- Alle kalkulierten Einzelgeschäfte sollen zumindest in drei Dimensionen auswertbar sein, was eine Fülle entsprechender Steuerungskennzeichen voraussetzt.

Die Bearbeitung dieser Datenmengen und die Notwendigkeit, diese auch flexibel auswerten zu können, lassen selbstverständlich nur völlig DV-gestützte Realisierungen als sinnvoll erscheinen. Für die DV-Integration sind dabei einige Punkte von Bedeutung. Aus Gründen der Informationsökonomie sollten − soweit möglich − Daten Verwendung finden, die bereits in anderen Datenbanken des Instituts gespeichert sind, wie z.B. die Kundendatenbank und die Datenbanken aus den operativen Vorsystemen. Ein weiteres zentrales Element ist dann die zu erstellende Kalkulationsdatenbasis. Zwischen der Ausgangsdaten- und der Kalkulationsdatenbasis werden zweckmäßigerweise Datenaufbereitungsmodule geschaltet, in denen die Ausgangsdaten für die Kalkulation vereinheitlicht werden.

Damit ist sichergestellt, daß mögliche Änderungen im Kalkulationssystem nicht zwangsläufig zu Eingriffen in die vorgelagerten operativen Systeme zwingen. Ebenso sollte die Auswertung der Kalkulationsdatenbasis „sauber" von dem eigentlichen Kalkulationsprogramm getrennt werden. Die Strukturierung des Outputs muß relativ früh, noch während der Systementwicklung, in zwei Komponenten zerfallen: Einerseits sind die Batch-orientierten Standardreports, wie beispielsweise Kundenkalkulation und Profit-Center-Rechnungen sowie Standardanalysen für verschiedene Nachfrager in der Bank zu nennen. Mit der Einführung des Systems im Unternehmen werden andererseits eine Fülle von Ad-hoc-Auswertungen auf das Controlling des Hauses zukommen, die durch Dialogabfragen beantwortet werden müssen. Von daher ist es notwendig, relativ früh eine Auswertungsdatenbank bereitzustellen, die es erlaubt, zumindest aggregierte Teildatenbestände online auszuwerten. Die Struktur dieser Auswertbestände muß dabei so flexibel sein, daß notwendige Änderungen ohne großen Aufwand durchführbar sind.

3. Einführung im Unternehmen

Wie bereits erwähnt, stellt die Einführung eines entscheidungsorientierten Steuerungssystems einen erheblichen Eingriff in die bisherige Struktur eines Kreditinstituts dar. Sie hängt

– anders als die Methodendiskussion – nahezu ausschließlich von unternehmensinternen Faktoren ab. Trotzdem sollen zwei Aspekte dieser Implementierungsstufe näher beleuchtet werden, weil sie für jeden Einführungsprozeß von Bedeutung sind. Überspitzt ausgedrückt erscheint es nämlich sinnvoll, die Einführung eines neuen Steuerungssystems ähnlich präzise vorzubereiten, wie beispielsweise ein Automobilkonzern die Einführung einer neuen Produktlinie plant. Grundlage muß demzufolge ein durchdachtes Einführungskonzept bilden. Ein derartiges Konzept hat daher neben einem genauen Zeitplan die Reihenfolge der Auswertungen, z.B. Beginn mit einer Kundenkalkulation und Weiterentwicklung zur Profit-Center-Rechnung, die damit angesprochene „Zielgruppe" im Unternehmen, notwendige einzuleitende Maßnahmen zur Plausibilitätsprüfung bzw. „Qualitätssicherung" der Kalkulationsdaten, notwendige Vorstandsentscheidungen etc. näher zu präzisieren.

In einer derartigen Konzeption werden dabei regelmäßig zwei Aspekte enthalten sein: Einerseits sollen neue Systeme zu gewünschten Verhaltensänderungen bei den Mitarbeitern führen: Schulung und das Vertrautmachen im Umgang mit dem neuen System erfordern eine behutsame und durchdachte Einführungspsychologie und -philosophie. Andererseits muß das Steuerungssystem in die bestehende Organisation eingeführt werden, teilweise muß sogar die bestehende Organisation an eine neue Steuerungsphilosophie angepaßt werden.

Folgende Gründe sprechen für eine intensive Schulung und Einweisung der Mitarbeiter in das neue Steuerungskonzept:
– Es handelt sich für die Mehrzahl der Mitarbeiter um ein völlig neues Konzept, um fremde Begriffe und unbekannte Denkansätze,
– in der Regel besteht eine generelle Unsicherheit über die Änderungen, die aus der Implementierung des Systems zu erwarten sind,
– der Systemnutzen läßt sich letztendlich nur realisieren über eine intensive Nutzung des Systems in der täglichen Praxis.

Da die Einweisung in ein derartig komplexes System einen erheblichen Zeitaufwand verursacht, dieses System aber gleichzeitig auch als lernendes System sukzessive implementiert wird, ist es sinnvoll, frühzeitig mit den Schulungsmaßnahmen zu beginnen. Eine relativ frühe Einbindung aller Mitarbeiter in die Systementwicklung und das Vertrautmachen mit der neuen Konzeption ermöglichen es, die Perfektionierung des Systems und die Entwicklung enstprechenden Nutzer-know-hows synchron zu gestalten.

Ein effizientes Schulungskonzept muß mehrere Aspekte berücksichtigen:
Es sollte zunächst einmal alle potentiellen Nutzer des Steuerungssystems nach „Zielgruppen" differenzieren. Es muß also für alle Ebenen der Bank ein hinsichtlich Anspruchsniveau, Inhalt und Interpretationsmöglichkeiten differenziertes Konzept erstellt werden. Ein zweiter Aspekt bezieht sich auf das Phänomen der Promotoren. Es ist ausgesprochen förderlich, innovationsfreudige Mitarbeiter, die sich frühzeitig mit dem System und seinem Nutzen identifizieren, als Promotoren verstärkt in Systementwicklung und Kommunikation einzubeziehen, weil diese Systemnutzer im Wege einer Vorbild- und Multiplikatorfunktion das durch ein solches System gewünschte neue „Denken" verstärkt in die Bank hineintragen.
Beispielhaft für ein zielgruppenorientiertes Schulungskonzept steht Abb. 9:
Der andere wesentliche Aspekt der Implementierung im Unternehmen umfaßt die Schaffung einer controllingadäquaten Organisationsstruktur. Hierunter ist insbesondere zu verstehen, daß alle Steuerungsbereiche und alle Erfolgsebenen organisatorisch vollständig abgedeckt, aber auch gleichzeitig sauber voneinander abgegrenzt sind. Eine solche Aufbauorganisation wird daher zumindest drei große Gruppen umfassen:
Eine dieser Gruppen ist die gesamte Vertriebsorganisation, die im direkten Kundenkontakt steht. Daneben sind auf der Ebene der Querschnittsfunktion zwei andere Gruppen zu unter-

scheiden: einerseits die Produktabteilungen, in denen die wesentlichen Bankprodukte „produziert" werden, und zum anderen die Kundengruppenabteilungen, in denen die Stabsfunktionen des Marketing wahrgenommen werden. Im in Abb. 10 dargestellten Organigramm verfügt eine Bank darüber hinaus über sogenannte Informations- und Ressourcenstäbe.

Abb. 9 : Die "Nutzerqualität" muß durch zielgruppenspezifische Schulungsprogramme sichergestellt werden.

Schulungsmaßnahmen 19.... — BEISPIEL

	Grundprinzipien des Steuerungssystems	Einzelkunden-kalkulation	Geschäftsstellen-ergebnis	"Freundeskreis"	"Trainer" Gesprächskreis
ZIELGRUPPE	HF-Leitung / Abteilungsleiter Zentrale	Kundenbetreuer/ Filialleitung	HF- und Filialleitung	Interessierte, Filialleitung, Kreditsachbearbeiter	Trainer
INHALTE	Methodik und Einsatzmöglichkeiten	Definition und Anwendungshilfen	Definition und Anwendungshilfen	Erfahrungsaustausch / Diskussion	Erfahrungsaustausch
ZEITDAUER	2 Tage	2 Tage	2 Tage	2 - 3 Stunden	4 Stunden
ZWECK	Einsatzmöglichk. für geschäftspolitische Entscheidungen	Verständnis des Prinzips und Interpretation der Ergebnisse	Interpretation der Ergebnisse, Erkennen der Handlungsalternativen	Förderung der Kommunikation zwischen den Anwendern	Aktualisierung des Kenntnisstandes

Abb. 9

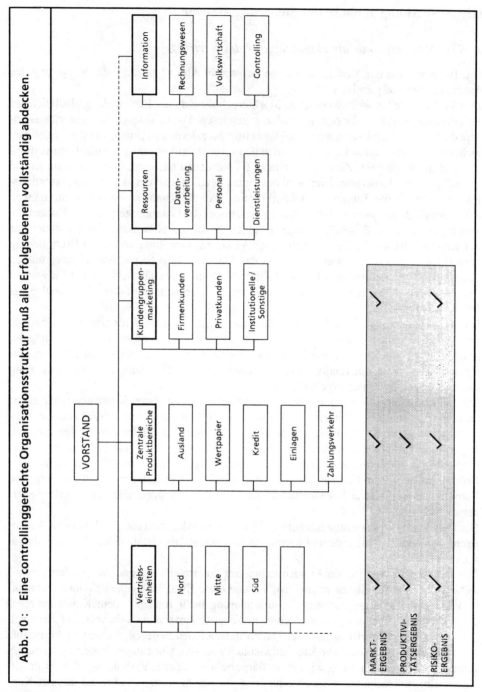

Abb. 10 : Eine controllinggerechte Organisationsstruktur muß alle Erfolgsebenen vollständig abdecken.

Abb. 10

Die Auswirkungen, die sich aus dem hier skizzierten Steuerungskonzept und einer solchen Aufbauorganisation auf die Funktionen und Abläufe der betroffenen Organisationseinheiten ergeben können, werden im nachfolgenden Abschnitt präzisiert.

III. Auswirkungen moderner Steuerungssysteme

1. Das Marktergebnis als Hauptaufgabe des Vertriebs

Die Hauptaufgabe der Vertriebseinheiten ist, wie in Abb. 11 gezeigt, die Steigerung des operativen Marktergebnisses.

Den Vertriebsstellen wird das gesamte Marktergebnis, d. h. der Bruttobeitrag abzüglich der Stückkosten der jeweils betreuten Kunden zugewiesen. Damit löst sich das Steuerungskonzept deutlich von den Usancen des bankbetrieblichen externen Rechnungswesens. Es stehen nicht mehr die in den jeweiligen Betriebsstellen verbuchten Volumina und die damit verbundenen Zinserträge bzw. Zinsaufwendungen im Vordergrund, sondern der betreute Kunde ist maßgebliches Kriterium. Hier wird besonders deutlich, daß ein modernes Kalkulationsinstrumentarium die Tatsache reflektieren muß, daß die Kundenorientierung für Banken eine zentrale Bedeutung hat. Da in letzter Konsequenz das Gesamtergebnis einer Kundenbeziehung und nicht die Ergebnisbeiträge einzelner Produkte entscheidend sind, kann auch nur der Kundenbetreuer die Verantwortung für Volumen, Kondition und somit Bruttobeitrag haben. Die konsequente Orientierung auf das Marktergebnis ist vor dem Hintergrund zu sehen, daß die in den meisten Banken knappe Vertriebskapazität nicht verbraucht werden soll durch eine übermäßige Fokussierung dieser Mitarbeiter auf den Kostenteil eines Betriebsergebnisses.

Das Marktergebnis wird mit Standardstückkosten ermittelt, so daß für eine Vertriebsstelle im wesentlichen die Steigerung des Bruttobeitrags im Vordergrund steht. Eine Senkung der Stückkosten ist nur insofern denkbar und auch erwünscht, als sie sich durch eine Substitution von Produkten mit relativ hoher Standardstückkostenbelastung durch Produkte mit einer niedrigen Belastung ergeben könnte.

Eine ausschließliche Zuordnung des Kundenergebnisses zu einem Kundenbetreuer erfordert eine Vielzahl organisatorischer Regelungen. Insbesondere muß geklärt sein, an welchen Schnittstellen Kundenbetreuung und die nachgelagerte nicht unmittelbar deckungsbeitragsverantwortliche Produktberatung einsetzen soll. Darüber hinaus erhält bereits an dieser Stelle das Produktivitätsergebnis eine erhebliche Bedeutung, denn die Aggregation der Ergebnisse über den Kunden erfordert zwingend eine kalkulatorische Entlastung von Betriebsstellen, die zwar Leistungen für einen Kunden erbringen, aber nicht vertriebsverantwortlich sind.

Die gewünschte Orientierung hin auf den Vertrieb erfordert eine entsprechende informatorische Fundierung. Das erste und wichtigste Instrument dabei ist die Einzelkundenkalkulation.

Um eine gezielte Analyse der Kundenverbindung zu ermöglichen und um gleichzeitig eine Informationsüberflutung zu vermeiden, werden diese Einzelkundenkalkulationen sinnvollerweise modular aufgebaut. Ergebnisorientierung heißt zunächst, dem Kundenbetreuer eine Information über den gesamten Kundenerfolg und ihm sodann wahlweise in einer zweiten Analysephase Zugriff zu gewissen Datailinformationen zu geben, die sich auf bestimmte Produktbereiche beziehen. Die Kundenkalkulation muß zu eindeutigen Steuerungsimpulsen führen. Deswegen steht sie − wie bereits dargestellt − in enger Verbindung zu einer Profit-Center-Ergebnisrechnung. Diese Verbindung wird dadurch hergestellt, daß aus der Kundenkalkulation eindeutige Informationen darüber ableitbar sind, welche Erfolgsbeiträge aus einer Kundenbeziehung in das Ergebnis eines Profit-Centers eingehen. In der Profit-Center-Rechnung wird der Erfolg einer am Markt tätigen Vertriebseinheit erfaßt. Ein wesentliches Element stellt dabei das Marktergebnis dar. In diesem Ergebnis werden alle Bruttobeiträge der Kunden, die von dieser Organisationseinheit betreut werden, erfaßt.

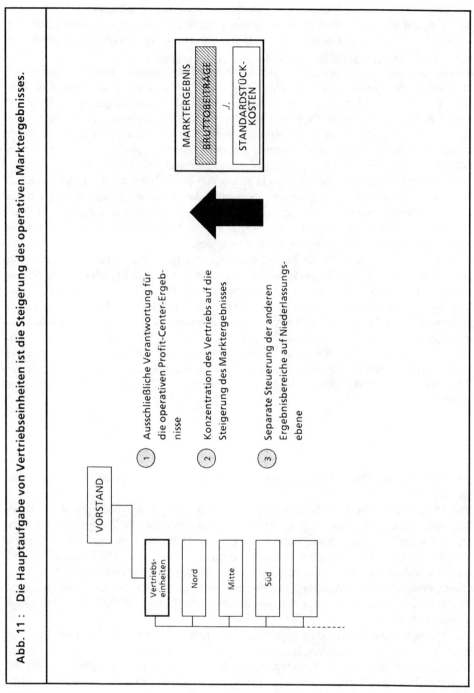

Abb. 11 : Die Hauptaufgabe von Vertriebseinheiten ist die Steigerung des operativen Marktergebnisses.

Abb. 11

Die Stückkosten führen im Zusammenhang mit der früher diskutierten internen Leistungs-verrechnung zu einer verursachungsgerechten Belastung für Leistungen produzierender Abteilungen und einer Entlastung im Produktivitätsergebnis. Die konsequente Orientierung

133

des Vertriebs hin auf die Steigerung des Bruttobeitrages darf allerdings nicht die Tatsache negieren, daß auch im Vertriebsapparat der Bank erhebliche Kostensenkungspotentiale vorhanden sind. Aus diesem Grunde wird für bestimmte Ebenen des Vertriebsnetzes ein sogenanntes Produktivitätsergebnis ermittelt.

Ebenso kann auch das Risikoergebnis den Vertriebsstellen zugeordnet werden. Die Aufteilung des Risikoergebnisses erfolgt dabei zweckmäßigerweise nach Entscheidungs- bzw. Genehmigungskompetenzen. Damit finden sich, wie in Abb. 12 schon gezeigt, in der Profit-Center-Rechnung der einzelnen Vertriebswege drei Ergebniskomponenten wieder.

Es ist damit betriebswirtschaftlich möglich, die Teilergebniskomponenten eines Profit-Centers in einer Profit-Center-Rechnung auf eine Gesamtergebnisgröße zu verdichten.

Offen hingegen bleibt die Frage, ob ein derartig zusammengefaßtes Ergebnis noch zu den Steuerungsimpulsen führt, die man sich ja gerade von der Aufspaltung der Ergebniskomponenten verspricht. Mit anderen Worten: es entsteht das Problem, inwieweit ein Vertriebsmanager alle drei Steuerungsbereiche in einer Vertriebseinheit abdecken kann. Für die Organisation größerer Vertriebsbereiche bietet es sich daher an, eine Managementgruppe an die Spitze eines solchen Vertriebsweges zu setzen.

Diese Managementgruppe ist für das gesamte Ergebnis des Profit-Centers gemeinsam verantwortlich, wohingegen aber einzelne Ergebniskomponenten differenziert einem Verantwortlichen zugeordnet und von ihm separat gesteuert werden. Konkret könnte dies so aussehen, daß jeweils ein Manager zuständig ist für das Marktergebnis der Firmen- und der Privatkunden, ein dritter für das Risikoergebnis – hier handelt es sich um den klassischen Kreditmanager – und ein vierter für das Produktivitätsergebnis. Eine solche Regelung hat zur Folge, daß einerseits die einzelnen Steuerungsbereiche hinreichend spezialisiert geführt werden können, daß aber andererseits unter dem Dach eines gemeinsamen Profit-Center-Ergebnisses in Konfliktfällen ein in der Regel für alle Beteiligten sinnvoller Kompromiß gefunden wird.

2. Produktabteilung als Produktmanager

Für die klassischen Produktionsabteilungen der Banken ergeben sich veränderte Aufgabenstellungen:

Stand bislang die reine Produktion einzelner Dienstleistungen im Vordergrund der Aufgaben, wie z. B. die Durchführung des Inlandszahlungsverkehrs, die Wertpapierverwaltung etc., so werden nunmehr zwei weitere Aufgabenblöcke immer entscheidender. Dies ist Resultat der Tatsache, daß diesen Produktabteilungen – wie in Abb. 13 dargestellt – nunmehr die Verantwortung für das strategische Produktergebnis zugewiesen wird.

Dieses strategische Produktergebnis beinhaltet zum einen das Marktergebnis des jeweiligen Produktes und zum anderen das einem bestimmten Produkt zuzuordnende Produktivitätsergebnis.

Die Verantwortung für das Marktergebnis eines Produktes beinhaltet zunehmend die Aufgabe eines internen Produktmanagements, das bedeutet die Verantwortung für die Förderung des Vertriebs des jeweilig betreuten Produktes. Eng damit verknüpft ist die Verantwortung für das Produktivitätsergebnis, das – wie bereits erwähnt – Ist- und Standardkosten enthält, die in einer engen Beziehung zueinander stehen:

Die Standardstückkosten werden auf der Basis von Standardarbeitsabläufen, Standardzeiten etc. ermittelt. Im Ergebnis sind die Ist-Kosten eine Folge der zugrundeliegenden geplanten Arbeitsabläufe und des zugehörigen Personaleinsatzes sowie möglicher Abweichungen davon. Die Aufgabe der Produktabteilungen liegt also darin, durch eine permanente Rationalisierung und Vereinheitlichung der Arbeitsabläufe die Ist-Kosten und infolge davon auch die Stückkosten zu senken.

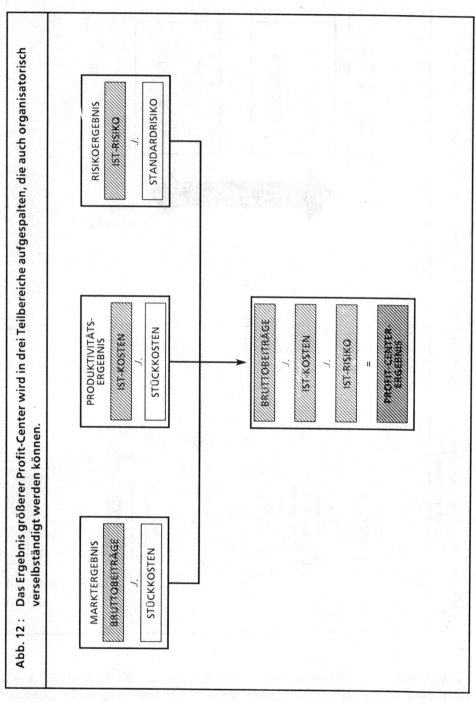

Abb. 12 : Das Ergebnis größerer Profit-Center wird in drei Teilbereiche aufgespalten, die auch organisatorisch verselbständigt werden können.

Abb. 12

135

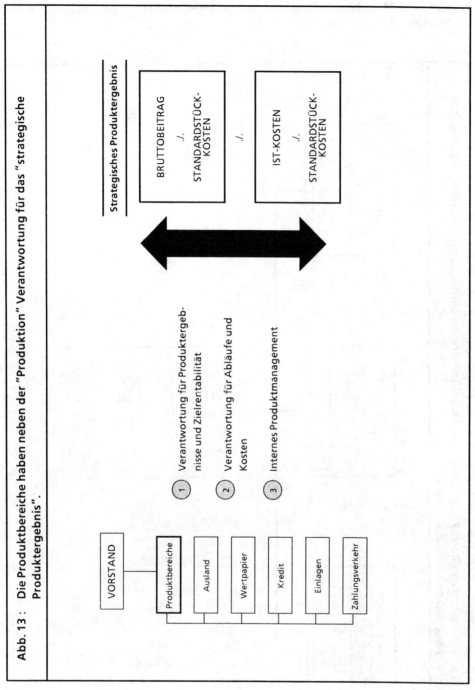

Abb. 13 : Die Produktbereiche haben neben der "Produktion" Verantwortung für das "strategische Produktergebnis".

Abb. 13

Die Verantwortung für das interne Produktmanagement umfaßt die Sicherstellung hinreichender Deckungsbeiträge für das gesamte Produkt, die Formulierung von Produktstrategien gemeinsam mit den jeweiligen Kundengruppen- und Vertriebsbereichen und eine aus

Produktsicht sinnvolle Preispolitik. Die zugrundeliegenden Kalkulationssysteme sind für eine so strukturierte Produktabteilung von erheblicher Bedeutung, denn sie ermöglichen es, die gesamte Struktur der Produktinanspruchnahme, der zugehörigen Erträge und Kosten bis auf Einzelgeschäftsebene hin zu analysieren. Eine Analyse des gesamten Datenbestandes zeigt häufig, daß Zusammenhänge, die sich von der Logik her ergeben, in der Realität sich als völlig verzerrt erweisen. Ein interessantes Beispiel ist dabei der Zusammenhang zwischen Bonität eines Kunden und erzielter Marge. Idealtypischerweise muß die im Kundengeschäft erzielte Marge um so höher sein, je niedriger die Bonität des Kunden einzustufen ist. Es müßte sich also eine deutliche Regression feststellen lassen. Die detaillierte Analyse der Einzelgeschäfte zeigt aber häufig, daß ein statistisch gesicherter Zusammenhang zwischen erzielter Marge und Bonität des Kunden nicht gegeben ist. Diese Erkenntnis kann sich sowohl in operativer Sicht − Anhebung der Marge für bonitätsmäßig schwache Kunden −, als auch in strategischer Sicht − bonitätsmäßig richtige Konditionierung − niederschlagen.

3. Kundengruppenabteilungen und strategisches Marktergebnis

Die zentralen Kundengruppenabteilungen verantworten das nachhaltige strategische Marktergebnis der betreuten Kundengruppen. Ihre Aufgabe ist es dabei primär, wie Abb. 14 zeigt, die jeweiligen Bruttobeiträge zu steigern.

Für diese Kundengruppenabteilungen stellt ein individuell auswertbares Kalkulationssystem einen wesentlichen Baustein für ein ertragsorientiertes Marketing dar. Anhand einer ergebnisorientierten Segmentierung läßt sich feststellen, welche Kundengruppen in welchen Anteilen zum Marktergebnis der Bank beitragen. Ferner lassen sich innerhalb der einzelnen Kundengruppen Analysen durchführen, die ausgehend von Durchschnittsbetrachtungen zu den typischen 80 : 20-Verteilungen führen.

Eine wesentliche Verbesserung der Aussagefähigkeit der Marktsegmentierungen läßt sich dann erreichen, wenn Kundenergebnisdaten mit demographischen Daten verknüpft werden. So lassen sich beispielsweise die statistisch relevanten Unterschiede für Kunden mit hohem und Kunden mit negativem Bruttobeitrag eliminieren. Diese demographischen Unterschiede sind insofern von Bedeutung, als daß mit ihnen möglich wird, für Kunden mit unterschiedlichen Bruttobeitragspotentialen und einer soziologisch abgrenzbaren Merkmalskombination differenzierte und gezielte Marketingstrategien zu erarbeiten.

Die Senkung des Kostenblocks ist für diese Abteilungen nur insofern von Bedeutung, als daß sie gemeinsam mit den Produktabteilungen nach einem stückkostengünstigen und absatzfähigen Produktmix zu suchen haben.

Gerade für die Umsetzung eines ertragsorientierten Marketing ist darüber hinaus von entscheidender Bedeutung, daß durch ein modernes Kalkulationssystem im Wege der Einzelkundenkalkulation, jeder Marketingmaßnahme ein Kunde namentlich zugeordnet werden kann. Gleichzeitig ist nachhaltbar, mit welchen Erfolgen bestimmte Marktsegmente bearbeitet wurden.

4. Änderungen in der Aufgabenstellung des Controlling

Mit zunehmendem Fortgang der Implementierung eines entscheidungsorientierten Steuerungssystems wird sich die Aufgabenstellung des Controllers in den kommenden Jahren immer mehr verändern:

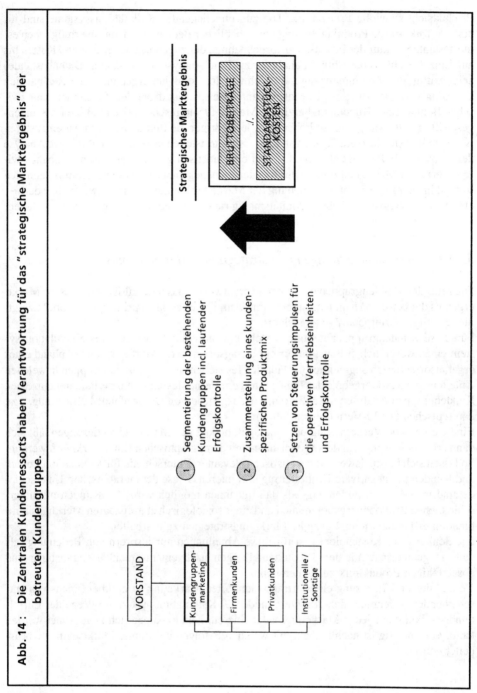

Abb. 14 : Die Zentralen Kundenressorts haben Verantwortung für das "strategische Marktergebnis" der betreuten Kundengruppe.

Abb. 14

Stehen die ersten Jahre der Entwicklung der Controllingfunktion deutlich im Zeichen der „Grundlagenforschung", so wird in der Folgezeit der Punkt erreicht, an dem begonnen werden kann, die entwickelten Steuerungssysteme in den täglichen Controllingablauf zu integrieren. Die saubere Trennung der verschiedenen Ergebnisbereiche, die Überführung der Bank in eine marktgerechte Organisation, die Kenntnis über unterschiedliche Ertragsmechanismen etc. führen zu einer erheblichen Informationsnachfrage. Es besteht zunehmender Bedarf, die sprudelnden Informationssysteme richtig zu interpretieren und in konkretes ertragsorientiertes Handeln umzusetzen. Dem Controller kommt daher immer stärker die Aufgabe zu, für alle Ebenen der Bank Interpretations- und Entscheidungshilfen zu erarbeiten. Eine weitere wichtige Funktion wird zunehmend darin bestehen, die spezialisierten Organisationseinheiten und Steuerungsbereiche der Bank wieder sinnvoll zusammenzufügen:

Koordination und Kommunikation werden zum entscheidenden Element des Controlling. Dabei sind für das Controlling, wie in Abb. 15 gezeigt, drei Koordinationsinstrumente von entscheidender Bedeutung:

1. Die Datenbais:

   Mit zunehmendem Ausbau der Steuerungs- und Informationssysteme muß sichergestellt werden, daß alle Beteiligten auf einer gemeinsamen, integrierten und betriebswirtschaftlich schlüssigen Datenbasis operieren.

2. Kommunikation:

   Die unterschiedlichen Ergebnisverantwortlichkeiten, die verschiedenen Steuerungsbereiche, die verschiedenen Planungsphasen − sei es strategisch oder operativ − erfordern ein Controlling, daß die Kommunikation zwischen allen Beteiligten sicherstellt.

3. Gesamtplanung:

   Je differenzierter und detaillierter die Einzelplanungen und Einzelaktivitäten vollzogen werden, desto erforderlicher ist die Koordination und Integration zu einem vollständigen und ausgewogenen Gesamtplan, wobei dem Controlling als Zentralinstanz die wichtige Rolle zukommt, diese Gesamtplanungen unter Risikoaspekten sinnvoll zusammenzufügen.

Mit diesem Aufgabenwandel ändert sich insgesamt das Anforderungsprofil des Controllers einer Bank: Neben die systemorientierten und bankbetriebswirtschaftlichen Kenntnisse tritt zunehmend eine hohe soziale Kompetenz, mit der er den Änderungsprozeß im Unternehmen beratend moderiert und mit steuert.

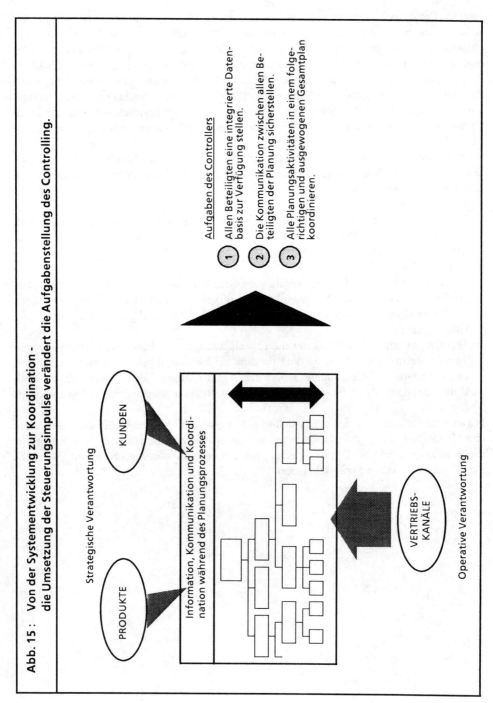

Abb. 15 : Von der Systementwicklung zur Koordination - die Umsetzung der Steuerungsimpulse verändert die Aufgabenstellung des Controlling.

Strategische Verantwortung

PRODUKTE

KUNDEN

Information, Kommunikation und Koordination während des Planungsprozesses

VERTRIEBS-KANÄLE

Operative Verantwortung

Aufgaben des Controllers

1 Allen Beteiligten eine integrierte Datenbasis zur Verfügung stellen.

2 Die Kommunikation zwischen allen Beteiligten der Planung sicherstellen.

3 Alle Planungsaktivitäten in einem folgerichtigen und ausgewogenen Gesamtplan koordinieren.

Abb. 15

140

SCHRIFTEN DES INSTITUTS FÜR KREDITWESEN AN DER WESTFÄLISCHEN WILHELMS-UNIVERSITÄT MÜNSTER

Herausgegeben von Prof. Dr. Ludwig Mülhaupt, Prof. Dr. Henner Schierenbeck, Prof. Dr. Hans Wielens

 FRITZ KNAPP VERLAG · Postfach 11 11 51 · 6000 Frankfurt/Main 11